어른인데도
어린아이처럼
말하는
당신

어른인데도 어린아이처럼 말하는 당신

왜
나의 소신은
늘
고집으로만
보일까

권영구 지음

pazit

추천사

독특하다. 책도 독특하고, 저자도 독특하다. 27년 차 한의사가 쓴 책이 의학서적이 아니라 소통에 대한 책이라 독특하다. 책은 한의사로서 사람들을 만나서 경험한 실전형 소통을 다루고 있다. 그래서 술술 잘 읽힌다. 간결하지만 핵심을 콕콕 짚어 준다. 우리가 소통에서 어려워하는 혈을 잘 찾아 치료해 주는 것 같다는 생각이 든다. 그래서 추천한다.

꾸준하다. 그는 하루 1편씩 글을 매일 썼다. 그것도 무려 4년을 썼다. 그리고 앞으로도 계속 쓸 것 같다. 꾸준함을 유지하는 것은 그 자체로 위대함이다. 이 책은 꾸준함의 일관성이 빚어낸 위대한 결과물이다. 그러니 추천하지 않을 도리가 없다.

명료하다. 이 책은 한 토픽에 대하여 4~6개 정도(7개도 있다) 단락을 구분해서 기술하고 있다. 간결하고 깔끔하다. 군더더기가 하나도 없다. 핵심 메시지를 정확하게 전달하고 있다.

실용적이다. 실제 우리가 저지르는 대화의 실수를 적절한 예시로 보여주고 있다. 책을 보다 보면 나의 말 습관을 돌아보게 한다.

그래서 이 책을 추천한다.

가벼운 마음으로 편안하게 읽을 수 있는 내용이 가득한 책이다. 더하여 무게감이 있다. 자신을 돌아보게 되고, 대화에 대해서, 말에 대해서 다시 생각해 볼 수 있게 돕는 좋은 책이다. 나는 이 책을 통해 어른답게 행동하고 말하는 법에 대해서 배울 수 있게 되었다.

최익성

경영학 박사 | 플랜비디자인 대표

베스트셀러 〈커리지: 두려움은 반응이고 용기는 결정이다〉 저자

차례

프롤로그

1

한의사 생활을 시작한 지도 27년이 되었습니다. 한방 내과 진료를 위주로 하며 통증 환자들도 같이 진료하다 보니, 매일 다양한 환자분들을 만납니다. 침 맞기 싫어하는 7살 유치원생, 생리통으로 고생하는 사춘기 여고생, 야근에 시달리다 번아웃에 이른 직장인, 폐경을 앞두고 갱년기 증상으로 힘들어하는 여성, 암 수술 후유증으로 힘들어 하는 어르신에 이르기까지 각양각색입니다. “안녕하세요, 처음 뵙겠습니다.” 첫인사를 나누는 순간부터 마지막 끝인사에 이르는 그 짧은 시간 동안, 엄청난 미션을 완수해야 합니다. 어디가 불편해서 오셨는지 건강에 대한 정보를 열심히 받아 적고, 그동안 치료받으신 내용도 일일이 체크합니다. 머리에서 발끝까지 몸 구석구석 다른 이상은 없는지 진찰과 진맥은 필수입니다. 환자분 상태에 대한 저 나름의 판단이 서면, 환자분에게 하나하나 설명을 드립니다. “이렇게 자세한 설명은 처음 들어봤어요.” 감사의 말씀을 듣고 아름답게 마무리되면 저도 보람을 느낍니다.

2

모든 진료가 항상 그렇게 순조롭지만은 않습니다. 어떤 분은 몸 상태에 대해 여쭤 보면, 아무 말 없이 가만히 앉아 계시다 손만 턱 내미십니다. "어디 한 번 맞춰보시오." 또 어떤 분은 같이 오신 가족과 진료실에서 대판 싸우기도 하십니다. "당신이 술을 일주일에 한 번만 마신다고? 매일 먹으면서 어디 거짓말을 해!" 제가 숨도 안 쉬고 열정적으로 설명을 마치면, 방금 말한 그 내용을 그대로 질문하는 분도 계십니다. 이 수많은 역경을 이겨내고 결국 진료를 마무리합니다. 경험이 부족한 초창기에는 어찌 줄 몰라 당황할 때가 많았습니다. 퇴근한 뒤 소통, 대화법, 협상에 대한 온갖 자료를 찾아가며 공부를 했습니다. 설득하는 법, 거절하는 법, 대안을 제시하는 법 등 고급 기술도 하나하나 익혀 나갔습니다.

3

소통에 대한 여러 자료들을 참고하면서 아쉬운 점을 많이 느꼈습니다. 기존 자료들은 주로 HR 분야와 심리학의 전문가들이 서술한 내용이었습니다. 교과서에 나오는 이야기들을 정확하게 옮기신 말씀이니 모두 정답입니다. 다만 그런 내용을 실전에서 어떻게 적용하면 좋은지, 구체적인 솔루션이 명확하지 않아서 혼자 많은 고민을 했습니다. 저는 처음 만나는 환자와 교감하고 대안에 대한 판단을 내린 뒤, 설명과 협상까지 마무리 짓는 실전형 소통을 해야 합니다. 누구나 고개를 천천히 끄덕거릴 만한 듣기 좋은 교훈만으로는 눈앞의 상황을 해결할 수 없습니다. 얼추 25만 명이 넘는 환자분들을 대하면서 터득한, 나름의 실전 노하우를 하나씩 SNS에 올려보기로 했습니다. 동료나 후배들에게 도움이 될 수도 있겠다 싶었는데, 20대 취준생이나 맞벌이 부부, 60대 어르신들이 더 좋아해 주셨습니다. 가족끼리, 회사에서, 친구들과 소통 문제로 힘들어하는 분들이 많았나 봅니다.

4

주 5일 평일에 매일 한 편씩 글을 써서 SNS에 올렸습니다. 4년 차로 접어들면서 어느새 1천 회에 이르렀습니다. 코로나에 걸려 열이 펄펄 나거나, 갑자기 컴퓨터가 고장 난 일도 있었지만, 하루도 빠뜨리지 않고 개근에 성공했습니다. 그렇게 제가 썼던 글들 중 소통에 대한 글의 일부를 골라 이번에 책으로 출판하게 되었습니다. 좋게 보아 주신 플랜비디자인 최익성 대표님, 파지트 송준기 대표님, 편집과 디자인에 수고해 주신 권정현, 박은진 님께 깊은 감사를 전합니다. 페이스북, 인스타그램, 링크드인, 브런치에서 열심히 응원해 주신 수많은 친구와 이웃들께도 감사의 말씀을 올립니다. 소통을 어떻게 하면 좋을지 답답해하는 분들께 작은 실마리가 되었으면 합니다. 감사합니다.

2024년 3월

저자 권영구

1부 같은 말을 해도

말의 의도와 표현

YES로 대화를 시작하는 습관

1

"금요일 오후 3시로 예약해 주세요."

A. "안 됩니다, 그 시간에는 다른 환자분 예약이 있어서 곤란한데요. 혹시 다른 날은 안 되시나요?"

B. "네, 예약 시간 확인해 드릴게요. 그 시간은 예약이 차 있지만, 토요일 10시는 가능한데 어떠세요?"

늘 대화 시작이 No인 사람이 있다. 사실관계만 담담하게 이야기하지만 듣는 입장에서는 괜시리 기분이 안 좋다. 일단 No가 습관이 되어 버리면 고치기가 참 어렵다.

2

"아니, 그러면 안 되는 일도 무조건 된다고 하라구요? 너무 무책임한 말씀이에요."

물론 그러면 안 된다. 거짓말을 하라는 말이 아니다. 'No'로 시작하는 부정의 메시지를, 'YES'로 시작하는 긍정의 내용으로 탈바꿈시키면 된다. 내 말이 앞뒤가 안 맞고 부자연스럽게 들려도 상관없다. A의 말을 들으면 상대는 거부당했다는 불쾌감을 느끼고, B의 말은 그저 자연스러운 대화 같다. '나쁘다, 안 된다' 같은 부정의 말은 문맥과 상관없이 듣기에 불편하다.

3

"김 팀장, 내년도 신상품으로 이런 디자인은 어떨까 싶은데요. 한번 기획해 보고 알려주세요."

"전무님, 지난번 회의 때 이미 말씀드린 내용인데요, 시장조사 결과 이런 라인은 반응이 별로였어요. 게다가 지금 저희 팀은 업무량이 너무 많아서 여력도 없구요."

전무님은 바보가 아니다. 김 팀장이 이야기한 시장조사 데이터도 이미 잘 알고 있다. 다만 본인이 생각한 특별한 방향이 있어서 가능성을 좀 더 확인해 보려는 중이다. 전무님이 그 안건의 시장성이나 김 팀장 업무 상황도 모르고 다짜고짜 지시를 내렸겠는가. 긍정적인 마음으로 전무님 의도부터 물었어야 한다. 상급자는 항상 하급자 머리 위에 있다.

4

"그건 그게 아니구요…."

그렇게 중요한 내용도 아닌데, 일상대화에서조차 수시로 No를 남발하는 사람이 있다. 상대가 1부터 10까지 말했으면, 그중 정확하지 않은 3번과 8번을 콕콕 집어내어 바로잡는다. 상대가 잡담 중 임진왜란 연도를 1591년으로 잘못 말했다고 해서 역사가 뒤바뀌지도 않는데 그 순간을 못 참는다. 주로 인정욕구에 과시욕이 겹치면 이렇게 말한다. 전부 가만있을 때 나 혼자 번쩍 손들고 틀린 부분을 찾아냈으니, 다들 기립박수라도 쳐주길 바란다. 갑분싸 찬바람이 쌩 불지만 자신의 잘못을 모른다. 정의의 사도는 고독하기 마련이라며 뿌듯해하기까지 한다.

5

남의 말을 듣는 방식은 크게 3가지가 있다. 있는 그대로 투명하게 들을 수도 있고, 좋은 쪽으로 해석하며 긍정적으로 들을 수도 있다. 어디 잘못된 부분 없나 두 눈을 부라리며 까다롭게 듣는 방식이 제일 나쁘다. 물론 비판과 비난은 별개다. 감정을 섞지 않고 논리적으로 팩트에 충실하며, 잘못된 부분만 비판적으로 이야기할 수도 있다. 다만 비판도 일종의 태클이니, 긍정적인 말속에 물타기하는 센스가 필요하다. 하루아침에 매의 눈을 양의 눈빛으로 바꾸기는 어렵다. 습관을 바꾸려면 노력을 해야 한다. 일단 "네, 맞아요."로 대답을 시작하고 그다음 문장을 고민하자. 얼마든지 끼워 맞출 수 있다.

할 말이 없어도 맞장구는

1

“업무 중 잘못된 부분에 대해 이렇게나 많이 이야기했는데, 왜 아무 말도 없는 거죠?”

“다 맞는 말씀이라서 제가 더 드릴 말씀이 없는데요.”

침묵은 금이 아니다. 좀 전까지는 팀장님도 김 대리 실수에 대해 너그러운 마음이었다. 잘 모르는 부분을 가르치며 좋게좋게 교육의 기회로 삼으려 했다. 뚱하니 가만히 있는 김 대리 모습에, 지금 한번 해보자는 뜻인가 싶어 뚜껑이 열리고 만다.

2

인간관계의 기본은 소통에서 시작한다. 이쪽과 저쪽의 생각과 감정이 오가며 일단 서로 통해야 한다. 이쪽에서 비둘기를 날렸는데, 저쪽에서 아무 답신이 없으면 황당하다. 좋다/싫다, 맞다/틀리다, 동의한다/반대한다…. 어떤 식으로든 대꾸를 해야만 한다. “747기

2번 활주로 착륙을 허가합니다." 그 말 듣고 아무 말 없이 가만있으면 관제탑에서 난리가 난다. 2번으로 가라는 말을 듣고 그대로 가는 중인데 무슨 문제냐며 조종사가 억울해하면 안 된다. 말하는 사람은 듣는 사람이 1번으로 잘못 들었으면 어떡하나, 전파 이상으로 아예 못 듣지는 않았을까 온갖 상상을 하게 된다.

3

상대방의 말을 아파트 광고판에 붙은 공고문 정도로 생각하는 사람이 많다. 한글로 된 문장을 잘 읽고 이해했으니, 나 홀로 메시지 접수 완료하고 끝이다. 단톡방을 운영하는 회장은 늘 속이 터진다. 분명히 10명 다 읽었다고 표시가 뜨는데, 약속 날짜 다음 주 토요일이 좋은지 안 좋은지 아무도 댓글을 달지 않는다.

"집안 결혼식 때문에 이번에는 못가겠네."
"다른 약속 갔다가, 2시간 뒤쯤 좀 늦게 가면 되겠네."

다들 자기 생각에만 빠져 있고 응답은 안 한다. 회장이 기껏 신경써서 10인분 식사를 미리 준비했지만, 제시간에 단 2명만 참석하는 사태가 벌어진다. 꼭 이런 식으로 민폐를 끼치는 사람은, 남은 식사를 버렸든 말든 본인은 안 먹었으니 밥값 비용 n분의 1만큼 회비를 돌려 달라고 우긴다.

4

수업 중 장난치다 걸렸다. 선생님이 불러내 야단을 치신다. 고개 푹 숙이고 땅만 보며 아무 말도 안 한다. 내가 잘못한 행동이니 입이 열 개라도 아무 할 말이 없다. 선생님 생각은 좀 다르다. 잘못을 인정하지 않는 반항적인 태도로만 보인다. 수업이 끝난 후 기어이 교무실로 끌고 가신다. 상대 말에 동의하지 않거나 다른 생각이 있을 때만 말문을 열려고 하면 안 된다. 침묵은 암묵적 동의가 아니다. 상대의 말을 들은 뒤 적절한 반응을 보이며 대꾸하는 과정은 기본 예의에 속한다. 하신 말씀 잘 들었고 그런 부분을 미처 생각하지 못해 잘못을 저질렀다고 말하면 된다. 다시는 이런 실수하지 않도록 조심하겠다고 말하면 플러스 100점이다. 이런 멘트 자체를 민망하게 여기고 입을 꾸욱 닫아 버리면, 괜한 신경전으로 번지면서 일이 점점 커진다.

5

침묵은 절대 그 순간의 문제로 끝나지 않는다. 상대가 현장에서 즉각 침묵의 대가를 물으며, 화끈하게 마무리 지으면 그나마 다행이다. 극소심한 내향성의 사람은 뜨거운 분노의 불길을 그대로 삼켜 버린다. 얼마 뒤 다음 미팅자리에서 김 대리의 사소한 실수라도 발견하면 백 배, 천 배 화를 내며 기어이 되갚아 준다. 정작 김 대리 본인은 어리둥절 황당하기만 하다. 지금 실수가 그렇게 대단한 잘못은 아닌 것 같은데, 팀장님이 왜 이토록 과하게 반응하는지 이해가 안

간다. 회의가 끝난 뒤 이 대리 최 대리와 팀장님 뒷담화를 하며 나름의 복수를 한다. 끝없는 악순환의 시작이다.

감사 인사와 질책도 타이밍이 생명

1

“어이쿠, 찌개를 다 엎어 버렸네.”

김치찌개 냄비에 숟가락을 걸치고, 대충 질질질 끌고 오려다 테이블 위에 제대로 엎었다. 조금 편하려다 기어이 사고를 치고야 말았다. 어디선가 알바생 3명이 갑자기 나타나 후다닥 치우기 시작한다. 식사 마저 하시라며 서비스로 찌개를 더 담아주기까지 했다.

2

워낙 순식간에 일어난 일이라 아직도 어안이 벙벙하다. 갑자기 정신이 번쩍 든다. ‘아차차, 고맙다는 말을 못 했네.’ 이미 옆 테이블 사람들이 나를 보며 수군거리고 있다. 졸지에 인성에 문제 있는 배은망덕한 성격파탄자가 되어 버렸다. ‘아까 너무 당황해서 감사 인사를 못 드렸네요. 제가 원래 그런 사람이 아니거든요.’ 입안에서만 맴돈다. 한 번 타이밍을 놓치고 나니 민망해서 차마 말을 못 꺼내겠다.

아니다, 늦었다고 생각할 때가 원래 제일 빠를 때다. 숟가락 탁 놓고 일어나 뚜벅뚜벅 걸어간다. 제가 실수해서 민폐를 끼쳤으니 커피 한 잔씩 대접하고 싶다고 말한다.

3

남에게 감사 인사를 하든 따끔한 소리를 퍼붓든, 언제나 타이밍이 생명이다. 코로나 걸려서 비실비실 힘든 사람에게 지난주 업무 실수에 대해 일장 연설을 하면 어떻게 될까. 과연 본인 실수를 바로 인정하며 잘못했다고 말할까? 질책의 말일수록 상대방 상황을 더욱 조심스럽게 살펴야 한다. 야단을 칠 때도 사건과의 시간 차가 너무 벌어지면 좋지 않다. 이제서야 하는 말인데 지금으로부터 어언 17년 전, 눈이 많이 오던 어느 겨울날 네가 한 말을 기억하느냐고 말한다면? 반성은 고사하고 짜증만 난다.

4

"타이밍 맞추기가 너무 힘들어요."

상대의 감정 변화는 누구나 바로바로 느낀다. 친절한 배려에 가슴이 따뜻해지거나 눈앞의 잘못에 정의감이 용솟음친다. 엄밀히 말하자면 좋은 타이밍을 놓쳤다기보다, 매 순간 눈앞의 상황을 회피하고 한발 물러섰다는 표현이 더 정확하다. 심지어 고마운 마음이 들 때 어떤 말이나 행동을 해야 하는지 배워 본 적이 없는 사람도 많다. 그냥 우물쭈물 민망해하면서 아무 말 없이 가만히 서 있기만 하면, 상대방은 이심전심 내가 고마워하는 마음을 온전히 느껴주리라 기대한다. 간혹 고맙다는 생각 자체를 아예 갖지 않는 사람도 있다. 본인이 평소에 처신을 잘했으니, 진작 받았어야 할 보상이 이제야 돌아왔다며 당연하게 여긴다.

5

"너, 집에 가서 봐. 아빠한테 다 일러줄 테니 각오해."

마트에서 장난감 사달라고 조를 때 엄마의 가장 무서운 한마디다. 엄마가 사건 현장을 목격했으면 그 순간 알맞게 대처하고 끝내야 한다. 본인이 감당 못하고 우왕좌왕하면, 다른 시간대의 엉뚱한 사람에게 공이 넘어간다. 아빠는 말로 전달받은 내용을 정확히 이해하지 못하고 더 세게 혼낼 가능성이 많다. 아이는 본인 잘못에 비해 부당한 가중처벌을 받는다고 느낀다. 자, 이제 퇴근 시간이 얼마 안 남았다. 오늘 하루 종일 내가 도움 받은 일을 떠올려 보자. 만약 감사 멘트를 못 하고 지나쳤다면 아직 늦지 않았다. 오전에 김 대리 덕분에 힘든 일을 잘 마무리했다고 인사 한마디 건네면 된다. 퇴근하고 잠자리에 들기 전 가족에게도 고마운 일이 없는지 다시 생각해 보자. 하루가 끝나기 전에만 인사를 전하면 반칙으로 안 친다.

#감사하다는 말 한마디의 위력

1

“어제 퇴근할 때 우산 빌려주셔서 정말 감사했어요.”

커피 한 잔 없어도 괜찮다. 우산 잘 접어서 돌려 드리며 감사 멘트 한마디만 공손하게 해도 훌륭하다. 너무 당연한가? 그 당연한 응대를 제대로 못하는 사람이 너무도 많은 세상이다. 안 당연한 세상에는 당연한 행동 하나하나가 큰 경쟁력이다.

2

“에이, 뻔히 아는 사이에 무슨 고맙다는 말까지 해요. 상대방도 당연히 제가 고마워하는 줄 알고 있겠죠.”

아니다, 절대 모른다. 당신이 남에게 고맙다는 말을 마지막으로 들어본 적이 언제인가. 과연 당신은 주위 사람들 모두가, 당신의 사려 깊은 행동에 대해 하트 뿅뿅 애정 어린 눈빛으로 바라본다고 느끼는가. 오죽하면 심리학자들이 실험까지 해보았다. 실험에 참가한 사람들에게 최근 도움 받은 사람 아무에게나, 짧은 감사 편지를 쓰도록 시켰다. 선물도 없이 그저 몇 줄 가볍게 적어 보내는 수준이었다. 상대방이 그 편지를 받으면 과연 어떻게 생각할지 점수와 평가까지 내리도록 했다. '불편해할 것 같다, 가식적이라고 생각할 것 같다, 성의 없다고 느낄 것 같다' 등등 별 기대를 하지 않는 사람이 대부분이었다.

3

이번에는 편지를 받은 사람들 차례다. 그 감사 편지를 받았을 때, 어떤 느낌이었는지 물었다. 따뜻한 마음 씀씀이에 감동했다는 사람이 많았다. 어떤 사람은 일부러 편지까지 보내 주니 황홀한 기분이었다는 표현까지 했다. 만족도는 5점 만점에 4점이었다. 보내는 사람은 멋쩍어 하며 주저주저했는데, 파급력은 실로 엄청난 수준이었다. 고맙다는 마음만 백날 가져 봐야 아무 소용없다. 말 한마디나 편지 한 장으로 내 마음을 세상에 드러내야만, 상대방 마음속으로 날아가 박힌다.

4

"사랑한다고 꼭 말로 해야 알아? 으이구…."

당신이야말로 으이구다. 무슨 부처님 염화미소 장면도 아니고, 척

하면 착 알아주길 기대하면 곤란하다. 고마우면 고맙다고 직접 말로 해야 상대가 안다. 고마운 마음이 들면 그냥 은근슬쩍 넘어가는 대신 작은 선물이라도 전하자. 이렇게 좋은 마음조차 상대가 알아차리기 어려운 마당에, 안 좋은 마음은 어떻겠는가. 나 혼자 백날 꿍하게 삐쳐 있어 봐야 내 심장에만 해롭다. 탕비실을 전전하며 혼자 열받아 뒷담화에만 몰입하지 말고, 어떤 식으로든 직접 내 마음을 표현하자.

5

물론 상대방이 나쁜 의도가 아니라는 사실은 나도 잘 안다. 다만 상대는 지금 내가 감사 인사를 못 받아 이렇게 서운해하는지 상상도 못 할 수 있다. "이런 배은망덕한, 내 다시 도와주나 봐라." 내 호의를 무시하고 뚱하니 가만있다고 오해하지는 말자. 대부분 소통에 서툴고 평소에 속내를 드러내 본 경험이 없다 보니, 우왕좌왕 주저하기만 해서 그렇다. 아차차, 그러고 보니 나 역시 주위 사람들에게 고맙다는 말들을 깜박하고 있었다. 더 늦기 전에 초콜릿이라도 사서 감사의 마음을 전해야겠다.

잘 들었어도 다시 미러링

1

"3호실 ○○○ 환자분, 열이 38.7도예요."

"아! 예."

담당 의사는 전화 통화 중이었다. 열을 재어 달라고 해서 보고했더니, 내 눈도 보지 않고 건성으로 대답한다. 저 대답도 나에게 한 말인지 전화에 대고 한 말인지 알 수 없다. 아무튼 나는 내 할 바를 다 했다.

얼마 뒤 난리가 난다.

"아니, 환자가 이 지경이 되도록 왜 아무 말도 안 하셨어요?"

"38도 넘었다고 말씀드렸잖아요?"

"언제요??"

2

군대에는 '복명복창'이라는 개념이 있다. 상관이 명령을 내리면 그 지시 내용을 다시 반복해서 말하며 즉각 확인하는 방식이다.

"아까 3번 지뢰를 폭파하라고 말했는데, 왜 아직 그대로 있는가?"

"아! 3번이라고 하셨어요? 저는 4번으로 듣고 바로 터뜨렸는데…"

이런 일이 생기면 절대 안 된다.

3

업무가 바쁘다 보면 모든 일을 일일이 서류로 주고받을 수는 없다. 전화나 말로 지시할 때도 많다. 불안불안하다. 상대가 나를 골탕 먹일 작정이라면, 엉뚱한 말을 던진 뒤 "내가 언제?" 오리발 내밀면 그만이다. 드라마 속 악역들이 신입으로 들어온 착한 주인공을 괴롭히는 흔한 수법이다. 꼭 악의적인 상황이 아니라도 문제의 소지는 많다. '이 말을 꼭 전해야지.' 혼자 세 번쯤 굳게 다짐하다 보면 어느 순간 이미 그 말을 했다고 착각한다. 듣는 사람도 산만한 상태로 팀장님 지시를 들으면 중간중간 핵심을 놓치며 띄엄띄엄 접수한다.

4

말로 하는 소통에 제일 조심해야 할 부분이 일방통행이다. '나는 분명히 말했어.', '나는 확실히 그렇게 들었어.' 각자 자기 생각에만 빠지기 쉽다. 말한 대로 상대가 잘 들었는지, 들은 내용이 상대 생각과 일치하는지 계속 확인해야 한다. 소통에 대한 유명한 실험이 있다. 소음 없는 조용한 방에서 배고프지 않고 심리도 안정된 고학력자들끼리 대화를 시켜 보았다. 놀랍게도 대화로 전달된 정보의 정확도는 50% 이하 수준이었다.

5

매 순간 복명복창을 생활화하면 좋다. 메시지를 전하는 사람도 중요한 키워드 몇 가지를 메모지에 적어, 함께 건네는 습관을 가지면 훨씬 정확하다. "그러니까 지금 네 말은 이러이러하다는 말이지?" 이런 대화법을 '미러링mirroring'이라고 한다. 상대의 말 일부를 그대로 반복하거나, 간단히 요약하여 되새김질하는 방식이다. 실제 대화법과 상담기법의 중요한 기술이며, 오해 없이 소통할 수 있는 좋은 대화법이다. 상대방은 '내 말을 이렇게나 집중해서 듣고 있었구나.' 하며 묘한 신뢰감까지 느낀다.

모욕하지 않고 거절하기

1

"이런 것도 몰라? 어휴, 답답해. 이리 와서 앉아 봐."

이제 상대방은 죽을 때까지 당신에게 질문 따위 하지 않는다. 아무리 중요한 내용이라도 그냥 모르고 망하는 편이 낫다고 생각한다. 모욕을 받으면 큰 트라우마로 남는다. 오랜 시간이 흘러도 절대 잊히지 않는 천추의 한이 된다. 기회만 있으면 치밀한 계획을 세워 복수라도 하고 싶다.

2

상대방 입장에서 생각해 보면 금방 답이 나온다. 상대는 그 내용을 모르고 싶어서 몰랐겠는가. 나에게 이런 부탁 한마디 꺼내기까지 얼마나 오랜 시간 혼자 고민했을까. '말할까 말까, 에이 그냥 지내보자, 아니야 도저히 안 되겠는 걸…' 마음속으로 수없이 썼다 지웠다 반복하고는 창피함을 무릅쓰고 겨우 입을 열었다. 당신 보기에 하찮고 한심하게 보일지 몰라도, 상대방은 정말 목숨을 걸었다. 당신이 나긋나긋 친절하게 알려줄지, 대놓고 면박을 줄지 미리 예측할 수도 없다. 이때 무심코 던지는 당신의 한마디는 비수처럼 날아가 가슴 깊숙이 꽂힌다.

3

당신이 고려할 포인트는 딱 1가지다. 상대의 어려움에 개입하여 해결에 도움을 줄 것인가, 아니면 거절할 것인가. 도와주기로 마음먹었다면 감정적인 평가 따위는 모두 접어라. 눈앞의 상대를 구태여 평가하고 판단하지 않아도, 트러블에 대해 얼마든지 조언할 수 있다. 상대를 찍어 눌러야만 당신이 대단해 보인다고 착각하지 말라. 예상치 못한 친절을 보일 때, 상대에게 당신은 엄청 키 큰 사람으로 보인다. 작은 배려만으로 누구든 '키다리 아저씨'가 될 수 있다.

4

도움을 주기 어려우면 거절해도 괜찮다. 도와줄 능력이 안 될 수도 있고, 그럴 여유가 없을 수도 있다. 때로는 상대가 얄미워서 그냥 도와주기 싫을 때도 있다. 그럴 수 있다. 대신 거절은 잘하자. 딱 잘라 거절한다고 해서, 맺고 끊기에 분명한 사람이 되지는 않는다. 도와주면서 거들먹거리고 유세를 부리든, 도와주지도 않으면서 상처만 남기고 싸늘하게 뒤돌아서든 모두 꼴불견이다. 거절할 때는 도울 때보다 백만 배 더 조심스러워야 한다.

5

거절할 때 챙겨야 할 포인트는 아주 많지만 핵심은 간단하다. 일단 도와주지 못한다는 사실부터 확실히 전하자. 이리저리 빙빙 돌리다, 애매모호한 말만 범벅을 하면 더 기분 나쁘다. 차마 거절할 용기가 없어 미적미적 시간만 끌면 그야말로 최악이다. 나 이외의 다른 도움을 받을 기회까지 빼앗는 꼴이 된다. 단순 명료하게 거절의 뜻을 전하되, 도움이 되지 못해 유감이라는 마음만은 제대로 전해야 한다. 필요한 만큼은 안 되겠지만 작은 손이라도 내밀겠다고 하면 더 좋다. 과연 앞으로 나에게 그런 구차한 순간이 절대 안 온다고 보장할 수 있을까. 있을 때 잘하자.

모르면 모른다고 말하는 용기

1

수학 학원에서 학생들에게 숙제를 내준다. 아무리 수업을 열심히 들어도 못 푸는 문제가 있기 마련이다. A는 너무도 성실하다. 어떻게든 숙제를 완수하려고 애쓴다. 잘 모르는 문제는 해답을 보고 풀이과정을 읽으며 이해한다. 알게 된 방법으로 빈칸을 채우고 숙제를 끝낸다. 반면 B는 생각이 조금 다르다. 자신 있는 문제는 당당히 풀지만, 잘 모르는 문제는 그냥 남겨둔다. 대신 문제의 여백에 떠오르는 아이디어를 최대한 끄적거리며 단서를 남긴다. 다가오는 기말고사에서 두 학생은 과연 몇 점을 받을까.

2

A는 숙제를 충실히 해 오는 만점짜리 학생으로 칭찬받고 싶었다. 학원 선생님에게 성실한 학생으로 인정받은 그 순간에는 어깨가 으쓱했다. 대신 시험지를 받으면 눈앞이 캄캄해진다. 분명 어디선가 봤던 문제인데 손도 못 대겠다. 해설 부분을 베끼다시피 했던 문제

는 머릿속에 하나도 남아 있지 않다. B는 어떨까. 숙제를 다 해내지는 못했지만 나름 최선을 다했다. 막힌 부분을 잘 체크해 두었으니, 다음날 문제 풀이 시간에 더 집중해서 들으며 자기 것으로 만든다. 선생님도 여백의 여러 시도를 살펴보며, 어느 부분을 잘 모르는지 정확히 판단하고 가르쳐 주신다. 기말시험은 100점이다.

3

"내용을 완벽히 알지 못할 때, 잘 모른다는 사실을 기꺼이 인정하는지가 중요합니다. 이것은 용기에 관한 문제예요."

— 고대원 선생님(대치동 수학강사)

A와 B는 공부와 노력을 왜 하는지에 대한 목적 자체가 다르다. A는 쓰담쓰담 칭찬받는 순간을 위해 최선을 다하고, B는 주어진 문제를 제대로 해결할 능력을 갖추는 데 관심이 있다. B에게는 큰 결심이 필요하다. 모르는 내용을 모른다고 말하는 용기를 내야만 한다. 결국 그 보상으로 자신에게 정말 요긴한 피와 살을 얻는다.

4

"아는 것을 안다고 하고, 모르는 것을 모른다고 말하는 것, 이것이야말로 제대로 아는 것이다."

— 공자 『논어』 중에서

처음 들어본 내용이나 정확히 모르는 부분에 대해 많은 사람은 가면을 쓴다. 이리저리 빙빙 돌려 말하기도 하고, 했던 말을 반복하며 상대방을 헷갈리게 만들기도 한다. 그냥 잘 모른다고 말하면 간단할 텐데 구태여 어려운 길을 택한다. 모르는 내용을 억지로 아는 척하느라 말하는 사람도 괴롭다. 듣는 사람 역시 상대방이 둘러댄다는 사실을 뻔히 알게 되니 서로 뻘쭘하기만 하다.

5

사람은 누구나 빈틈이 있다. 제아무리 대학교수나 전문가라 하더라도, 격에 맞지 않게 허술한 구석이 있고 어이없는 실수도 한다. 나는 학생들 강의 중 날카로운 질문이 날아들 때, 그냥 쿨하게 인정해 버린다. "그 내용은 잘 기억이 나지 않는군요." 또는 "제가 잘 모르는 부분이니, 정확하게 확인하고 다음 시간에 알려 드리겠습니다." 모른다고 말하면 갑자기 청중이 푸하하 배꼽을 부여잡고 비웃을까 봐 걱정되는가. 의외로 사람들은 솔직한 모습을 덤덤히 받아들인다. 곧 정체가 드러나게 될 뻔한 가식을 보이는 모습이야말로 천하의 웃음거리다.

안 좋은 일을 전해야 할 때

1

상대에게 유쾌하지 않은 내용을 전해야 할 때가 있다. 말을 꺼내기도 전인데 벌써 내 마음이 이리도 무겁다. 그 말을 들었을 때 상대방 반응은 안 봐도 척이다. 말하기가 부담스러워 차일피일 자꾸 미룬다. 그러다 어쩔 수 없는 순간에 이르러서야 말을 꺼낸다. 보통은 아주 안 좋은 타이밍에 부적절한 태도로 전하게 된다.

"오늘 저녁 약속은 취소해야겠어. 중요한 일로 팀원들 모두 며칠째 야근 중인데, 나 혼자 빠지기 어려워. 결혼기념일 배려해 달라고 말할 상황이 아니야, 미안해."

"알았어, 할 수 없지. 그래도 미리 이야기해 주었으면 좋았잖아. 당일에 이렇게 말하면 식당 취소도 어렵고, 나도 별로 기분이 안 좋아."

2

항상 위기는 새로운 기회가 된다. 모든 일이 계획대로 술술 흘러갈 때는, 나의 장점을 드러낼 수 없다. 어딘가 삐그덕거리고 우당탕탕 아이쿠 힘들어질 때, 그 사람의 진정한 가치가 드러난다.

"팔보채 주세요."

(X) "팔보채 재료 다 떨어졌어요. 다른 것 주문하세요."

(O) "아, 오늘 팔보채 주문이 안 되는 데요, 대신 오늘 돼지고기 상태가 아주 좋아요. 난자완스를 맛있게 해드릴 수 있는데 어떠실까요?"

3

대화는 말투와 단어, 문장 같은 직접적인 컨텐츠뿐만 아니라, 상황에 대한 관점도 중요하다. 이를 '프레이밍framing'이라고 한다. 이 대화를 어떤 방향으로 끌고 갈지, 방향부터 분명히 해야 한다. 문제 상황을 단순히 통보만 할지, 진심어린 사과를 할지, 문제의 인과관계를 설명할지, 대안에 대한 의견을 제시할지 그 목적에 따라 화법이 달라진다.

4

안 좋은 일은 크게 2가지 종류가 있다. 당신이 책임져야 할 경우와 당신과 무관한 상황이다. 책임져야 할 경우라면 진지한 사과가 기본이지만, 열심히 고민한 후 대안까지 제시하면 훨씬 진정성이 느껴진다. 당신과 무관한 상황이라면, 구태여 깊이 관여할 필요는 없다. 대신 아무리 당신 잘못이 아니라도, 그 소식을 듣는 상대방은 실망하게 되어 있다. 그 마음을 조금만 헤아리면 보너스 점수 100만 점이 주어진다.

"갑자기 중요한 회사 일이 생겨 버렸네. 다음 주 결혼기념일 약속은 지키기 어려울 것 같아. 대신 그 주말로 날짜를 옮겨서 더 근사한 곳으로 내가 예약할게. 중요한 날인데 약속 못 지켜서 미안해."

5

긍정적인 마인드셋을 갖도록 노력하자. 세상 무너지는 절망적인 상황이라도, 나름 좋은 쪽으로 생각하고 대안을 고민하자. 어둠과 절망의 늪에서 허우적거리는 대신, 빛을 향해 희망의 노를 저어야 한다. 남들은 고사하고 나 자신부터 이미 실망하고 좌절에 빠져 있으면, 상대는 그런 나를 보고 두 배, 세 배 더 기분이 나빠진다. 마음을 차분히 하고 벌어진 일을 하나하나 돌이켜보면, 사실 그렇게 나쁜 소식만은 아니다. 긍정적인 면을 위주로 상황을 다시 돌아보고 현명한 솔루션을 찾아보자.

무례한 사람 응징하기

1

"얼굴이 좀 남자 같은데요?"

코미디언 김숙이 어느 예능 프로그램에 출연했을 때, 한 패널이 외모에 대한 독설을 날린다. 김숙은 잠시 동안 지긋이 쳐다본 뒤 무덤덤한 말투로 "어, 상처 주네?" 한마디만 내뱉는다. 상대는 무안해하며 곧 사과를 했고, 김숙은 괜찮다는 말로 가볍게 받아넘겼다. 우리는 언제 어디서든 무례한 사람을 만날 수 있다는 생각을 해야 한다.

2

"네, 맞아요. 저는 무례한 사람이에요."

대놓고 인정하는 사람이 단 한 명이라도 있을까. 오히려 남에게 상처 주는 말을 하고도, 스스로를 대단한 사람으로 생각하기 쉽다. 남들은 그런 생각을 하더라도 눈치 보며 입을 열지 못하지만, 나 정도 되니까 용기 있게 그런 멘트를 날린다며 혼자 뿌듯해한다. 스스로 자기검열까지 마쳤으니, 그들이 내 말을 듣고 화내거나 윽박질러도 눈 하나 깜짝하지 않는다. 오만한 자기 명분만 더 높아진다.

3

그들을 응징하려면 전혀 예상치 못한 의외의 반응을 보여야 한다. 그래야 효과가 있다. 남들과 수시로 툭탁거리며 말싸움이 일상인 그들은, 남이 욱하고 열받아 할수록 더 신나고 재미있어 한다. 일단 감정부터 쏙 빼고, 최대한 무덤덤하고 담백한 느낌으로 가자. 컬러사진을 흑백으로 변환하기만 해도 저절로 묵직해진다. 소금 간도 안 하여 비릿한 냄새가 나는 생고기의 느낌으로 대해야 겨우 기별이 간다.

4

다 이유가 있다. 무례한 사람들은 자신의 그 멘트에 상대가 보일 반응까지 이미 계산을 마쳤다. 예상 시나리오대로 반응해 주면, '옳지 말려 들었구나' 하며 2차, 3차 공격을 연속으로 이어 나간다.

"거봐요, 외모가 남자 같으니까 그렇게 예민하게 굴지요."

"아, 그런 말은 듣기 싫으세요? 진작 말하지 그러셨어요."

절대 상대방 페이스에 말리면 안 된다.

5

내 방식으로 게임의 룰을 바꿔야 한다. 준비한 멘트를 계속 꺼낼 수 없도록 새로운 패턴으로 반응하면 좋다. 감정 동요 없이 짧고 굵게 상대에게 노란색 옐로우카드만 슬쩍 보여 주면 된다. 이 정도 경고에도 정신 못 차리면 곧 레드카드가 나올 수도 있겠다 싶은 긴장감만 조성하자. 상대가 상사이든, 부모이든, 연인이든 상관없다. 상대 의도와 상관없이 그 발언을 듣고 내가 마음이 상했으면 나의 불편함을 정확하게 전달하자.

6

흥분하지 않고 예의 바른 한마디만 꺼내도 충분하다. 상대방은 본인 기대와 다른 방향으로 상황이 흘러가니, 당황하며 금방 꼬리를 내린다. 내가 나의 감정에 대해서만 'I-message' 방식으로 예의 있게 표현했으니, 상대방도 그리 무안해하지 않는다. 앞으로 또 그렇게 처신하면 큰코다칠 위험이 있다는 사실을, 본능적으로 느끼게 해주었으니 효과도 만점이다. 아무리 그래도 워낙 소심하여 남에게 그런 말은 절대 못 하겠다면 도리가 없다. 앞으로도 계속 그런 대우를 받으며 살아가는 수밖에. 내 권리는 내가 지켜야 한다. 권리 앞에 잠자는 자는 아무도 보호해 주지 않는다.

비판과 비난의 한끝 차이

1

"자네를 위해서 하는 말이야, 잘 되라고 하는 말이니 새겨들어."

머리로는 알겠다. 상대편 말을 하나하나 뜯어 놓고 보면, 결국 나에게 도움되는 말이 맞기는 하다. 하지만 대화하는 내내 모욕감을 느꼈고 기분이 안 좋다. 내가 이 정도 건설적인 충고 한마디도 마음 편히 받아들이지 못하는 수준이었나.

2

비판과 비난은 한끝 차이다. 말의 내용만으로는 구별할 수 없다. 같은 말이라도 어떤 방식으로 꺼내는가에 따라 완전 다르게 들린다. 컴퓨터 게임 7시간째 붙들고 있는 중학생 자녀에게 한마디 했다면, 부모로서 그리 과한 행동은 아니라고 본다. 대신 그동안 쌓인 응어리를 농축시켜 핵폭탄을 발사해 버리니 문제다. "지난번 중간고사 그렇게 망치고도 아직 정신 못 차렸어!" 언뜻 상대를 염려해서 하는 말 같지만, 결국 부모 본인의 한풀이다. 상대를 공격하는 비난에 지나지 않는다.

3

진정 상대를 걱정하는 마음이라면, 어떻게든 도움을 주고 싶다는 마음으로 말문을 열어야 한다. 단순한 감정공격 대신 팩트와 실질적인 솔루션 위주로 대화를 구성하면 좋다. 감정을 쏙 빼고 컨설턴트가 되었다는 심정으로 말해야 한다. 나에게 조언을 듣기 위해 상담료 100만 원 내고 찾아온 고객을 대한다고 생각해 보자.

"기말고사 1주일 남았는데, 공부는 잘 되어 가고 있어? 공부 계획은 어떻게 세웠니? 중간고사 때 실패한 이유는 뭐라고 생각해? 너는 몇 점 정도 받고 싶은데? 네 계획대로 하면 그 점수가 나올 수 있을까? 아빠가 더 도와줄 부분은 없어?"

4

상대방을 위하는 이야기는 내용과 상관없이 무조건 절대선이겠거니 착각하면 안 된다. 명절에 만난 이모에게 그 나이 먹도록 왜 결혼 안 하느냐는 말을 듣고, 눈물 뚝뚝 흘리며 진한 감동을 느끼는 사람이 있을까. 상대가 잘 되기를 바라는 마음과, 상대를 함부로 평가하며 내 마음대로 아무 말이나 던지는 상황은 전혀 다르다. 상대를 위하는 마음의 주어는 내가 아닌 상대방이어야 한다. 상대의 인생이 조금이라도 나아졌으면 하는 바람으로, 조심스럽게 조언 한 스푼 살짝 보태고 싶다는 따뜻한 마음이면 좋겠다.

5

상대의 행동을 보며 내 마음이 불편한 이유는 왜일까. 조카가 결혼을 하든 말든 무슨 상관이라고, 왜 만날 때마다 결혼 운운하는가. 내가 옳다고 생각하는 대로 상대가 움직이지 않으면, 나를 무시하고 모욕한다는 느낌을 받으며 기분이 나빠진다. 간혹 상대에 대해 너무 강력한 책임감을 느끼면, 상대방과 나를 하나로 느끼며 상대방의 자율성을 인정하지 못하기도 한다. 부모-자식 관계에서 흔히 보이는 패턴이다. 상대가 올바른 길로 잘 걸어가지 않으면, 사람들이 책임자인 나를 비난할까 봐 두렵다. 실은 상대방이 아닌 나의 평판을 관리하고 싶은 마음에 지나지 않는다.

6

비판은 대안 제시가 위주다. 이런 방법이 더 낫지 않을까 하는 가상의 시나리오를 제시하는 과정이 기본이다. 지금보다 더 나은 미래를 꿈꾸도록 돕는 방법이다. 상대는 그동안 생각지도 못한 새로운 대안을 들으며, 어떤 선택을 하면 좋을지 행복한 고민에 빠진다. 물론 그 방황의 끝이 어디일지는 알 수 없고, 그 선택은 오로지 본인 책임이다. 반면 비난은 항상 과거지향적이다. 마음에 안 드는 지난 행동들을 하나하나 거론하며 지적질을 퍼붓는다. 그 잘못의 결과로 지금에 이르렀으니 앞으로는 제대로 하라고 말한다. 말로는 상대를 위한다고 하면서 정신 개조 훈련만 이어간다. 상대방은 부정적인 말만 잔뜩 듣고, 스스로를 너무도 한심하게 느낀다. 무안하면서 화도 난다. 더 꼼짝하기 싫어진다.

7

듣는 사람 자세도 중요하다. 상대방이 비난의 유혹을 이겨내고 적절한 비판을 하더라도, 결국 그 말을 들을지 말지는 내가 결정한다. 나 스스로 마음을 열지 않으면 귀에 하나도 들리지 않는다. 내 귀에 캔디처럼 달콤하게 들리지 않는다고 무작정 대문을 걸어 잠그면 아무 소용없다. 지금 상황이 녹록지는 않지만, 나 스스로 더 나은 사람이 되고 싶다는 의지를 가져야 한다. 어디어디 더 좋은 대안이 없나 두 눈 부릅뜨고 두리번거리는 사람은, 우연히 발견한 개똥까지 약으로 쓴다. 미성숙한 사람이 악의적인 비난만 퍼부어도, 그 속에서 내게 필요한 행동강령만 뽑아내어 기어이 셀프 업그레이드를 하고야 만다.

#종로에서 뺨 맞고 한강에서 눈 흘기기

1

“아니, 지금 어디서 화풀이야. 회사에서 안 좋은 일 있었다고 나한테까지 이래도 되는 거야?”

분명히 잘못했다. 낮에 팀장님에게 실컷 깨지고 열 받았는데 지금 아무 상관없는 아내에게 화를 퍼붓고 있다. 예쁘게 말해도 위로를 해 줄까 말까인 판국에, 어디 감히 소리를 지르는가.

2

딱 이 상황에 해당하는 말이 ‘종로에서 뺨 맞고 한강에서 눈 흘긴다’는 격언이다. 종로와 한강은 조선시대 상업의 극과 극이었다. 종로에는 국가공인 육의전시스템이 있었고, 한강 부근 마포 노량진에는 비공식시장 난전이 발달했다. 육의전으로 쇼핑 나간 사람들은 기세등등한 종로 상인 앞에서, 물건에 하자가 있거나 가격이 비싸도 감히 찍소리 못한다. 그러다 시장판 같은 한강변 난전에만 오면, 어느새 나도 갑이 되어 큰소리치기 시작한다. 종로에서 뺨 맞듯 갑질에 울었고 한강에서는 내가 눈 흘기며 갑질하는 상황이다.

3

한강변 난전 상인 입장을 잠시 살펴보자. 새벽부터 일어나 부지런히 물건 챙기고 성실하게 장사하러 나선 그들에게 무슨 죄가 있는가. 하루하루 열심히 살고 있는 그들이, 왜 육의전 다녀온 사람들에게 황당한 무시를 당해야만 하는가. 아닌 밤중에 이런 홍두깨가 또 없다. 한 푼이라도 더 벌어야지 하는 마음으로 오늘도 꾸욱 참으며 이겨낸다. 감정노동의 원조다.

4

난전에서 난리 치는 그 손님의 심리도 한번 따져보자. 얼핏 봐도 귀퉁이에 하자가 있는 B품인데, 육의전 상인이 터무니없이 비싼 값을 부른다. 조금만 깎아달라고 말했다가, 오히려 좋은 물건 알아보는 안목이 없다고 면박까지 당한다. 상처 입은 우울한 마음으로 한강변 난전을 향한다. 옳다구나, 여기는 딱 내가 원하는 가격대의 좋은 제품들이 많다. 부르는 대로 다 주어도 전혀 아깝지 않다. 그런데, 괜히 그러기 싫다. 아무 이유 없이 그냥 싫다. 종로에서 당한 이력이 있으니, 이 기회에 나도 유세 한번 부리고 싶어진다. 되도 않는 트집 잡아 윽박지르고 나니 속이 다 후련하다.

5

내가 받은 상처는 나에 대한 가해자와 나 사이의 문제다. 그 감정을 투사하여 내가 다른 사람에게 다시 상처를 주면, 나는 또 다른 가해자가 된다. 새로운 트러블의 시작이다. 본인 마음속으로는 '상처 한 번 받았고, 나도 상처 한 번 주었으니 샘샘이네' 생각할지도 모른다. 말도 안 되는 궤변이다. 갑질이 그래서 무섭다. 꼬리에 꼬리를 물고 갑을 관계를 무한 생산해 낸다. 그 긴 꼬리가 이어지는 와중에, 어느 성숙한 사람 한 명이 그 도미노를 딱 끊어야 비로소 멈춘다. 종로에서 뺨을 맞았으면, 심기일전 용기를 내어 종로에 돌아가 끝장을 보자. 맞설 용기가 없거나 참고 넘기기로 했으면 그냥 쿨하게 잊어버려야 한다. 괜히 가만히 앉아 있는 엉뚱한 사람에게 화풀이하고 싶어도 꾹 참아라. 내가 상처 받았다고 남에게 상처 줄 권리가 있는 것은 아니다.

반말 갑질

1

"어디가 아파서 왔어?"

알고 지내는 의료인 후배가 있다. 진료 중 말이 좀 짧다. 나이는 중년 정도인데, 환자분 머리가 희끗하든 말든 무조건 반말이다. 듣기에 민망하여 몇 번이나 넌지시 조언했지만 아랑곳하지 않는다. 언젠가 한 번 큰일 치르지 않을까 걱정된다. 다른 후배는 직원 말투가 고민이다. 20대 후반 나이에 환자분 모두에게 반말로 응대한다. 나름 애교반, 장난반이라고 생각하는 듯하다. "할머니, 왜 이렇게 늦게 왔어. 나 밥 먹을 시간도 없는데…." 친해진 한두 명이 아니라 모든 환자에게 이러다 보니, 옆에서 보고 있으면 조마조마하다고 한다.

2

한 예능 프로그램에서 유명 석학들이 나누는 말투가 논란이 된 적이 있다. 완전히 말 놓고 지내는 사이도 아닌 분들이, 심지어 방송 중인데도 대화 중간에 반말과 존댓말을 섞어 쓰는 방식이 문제였다. "이건 이게 맞잖아요, 아니야? 에이, 맞잖아. 다 그런 거지. 그럼 어떻게 생각하세요?" 이런 식이다. 유명인이거나 나이가 많거나 지위가 높은 분들이 이런 말투를 쓰면 반드시 구설수에 오른다. 그 말을 듣는 사람이 안 유명하고 어리며 지위가 낮을 확률이 높으니 더욱 그렇다.

3

갑의 위치에 있는 사람이 자신의 지위와 권력을 이용하여 부당한 언행을 할 때 갑질이라고 한다. 아무에게나 함부로 하대하는 습관이 몸에 밴 사람은, 기본적으로 상대방을 존중하지 않는다. 겉으로 예의 바른 듯 행동하더라도 숨은 본색은 말투 하나하나에 반드시 드러난다. 대화 중간에 반말을 섞어 쓰는 정도라면, 평소 어떤 시각으로 상대를 대하는지 금방 알 수 있다. 물론 완전 친한 사이에 말 놓고 지내기로 합의된 관계는 별개다. 간혹 상대는 동의한 적도 없는데, 혼자서만 일방적으로 "말 놓아도 되지?" 하는 분들도 있다.

4

갑질은 꼭 그렇게 높고 대단한 분들만 하는 만행이 아니다. 누구든 상대를 무시하기 시작하면, 눈에 보이는 것이 없으니 함부로 행동한다. 상대방이 어떻게 느끼든 말든 내 마음대로 말하고 처신한다. 자기 혼자 스스로를 갑으로 규정하고, 상대를 을로 대하는 상황이다. 안하무인이다. 남 말은 듣지도 않고 제멋대로이며 통제 불능인 캐릭터에게 흔하다.

5

사람은 사람이라서 귀하다. 돈이 많아서, 지위가 높아서, 나이가 많아서 귀해지는 것이 아니다. 가진 것 없고 직책도 없으며 나이가 한 살밖에 안 되어도 사람은 누구나 다 소중한 존재다. 강자에게 약하고 약자에게 강한 습성은 동물의 왕국에서 어쩔 수 없는 생존본능이다. 인간이 동물과 다르다고 주장하려면, 약자에게도 함부로 대하지 않을 수 있는 고도의 인격을 보여 주어야 한다.

잘못했다는 말 대신

1

"그 일은 제 잘못이 아니구요, 실은…"

김 대리는 절대 잘못했다고 말하는 법이 없다. 무슨 사고를 치든, 어떤 실수를 하든 항상 준비된 멘트가 있다. 잘못한 사람에게 잘못했다는 소리 듣기가 그리도 어렵다. 어떻게든 요리조리 빠져나가려고 잔머리를 쓴다. 사과 대신 대용품으로 자주 쓰이는 변명들을 살펴보자.

2

"팀장님 기준이 너무 높아요."

기획안 작성할 때 전년도 실적과 비교·분석하는 과정은 너무도 당연하다. 누구나 다 알아서 하는 내용이지만, 김 대리는 깜빡했으면서도 실수를 인정하지 않는다. 대신 말을 꺼낸 팀장님을 엄청난 실력자로 둔갑시켜 버린다. 자신은 지극히 정상 수준이지만, 안목과 능력이 너무도 뛰어난 팀장님 수준에 맞추기 위해 더 노력하겠다는 식으로 변명한다.

3

"일하는 스타일이 저하고 다르시네요."

회의에 참석할 후보자 선정이 끝나면 팀장에게 먼저 보고하라고 했다. 빠진 사람은 없는지, 더 추가할 사람은 없는지 최종 확인을 해야 했다. 김 대리는 보고도 하지 않고 자신이 결정한 대로 확정지어 일을 진행해 버렸다. 지시를 따르지 않고 독단으로 움직인 행동이지만, 마치 팀장과 자신의 업무 취향 차이에서 생긴 소통 문제 정도로 변질시켜 버린다.

4

"제 실수가 맞지만 이 정도 실수는 누구나 하잖아요. 팀장님은 절대로 실수 안 하세요?"

눈앞에 뻔히 보이는 실수를 해 놓고 무슨 할 말이 그리도 많은지 모르겠다. 처음에는 얼핏 자기 잘못을 인정하는 듯 말한다. 역시 한국말은 끝까지 들어봐야 한다. 팀장님 실수까지 들먹이며 물귀신 작전에 돌입한다. 상대를 탈탈 털어 먼지 한두 개 건지고는 자신도 은근슬쩍 묻어간다.

5

"팀장님은 그러시면 안 되죠."

도저히 안 되겠다 싶어서 김 대리에게 각 잡고 한마디 한다. 그동안 김 대리 실수에 골백번도 더 화가 났지만 꾹 참아왔다. 참다 참다 오늘 한마디 했더니 기껏 한다는 소리가, 팀장은 감정을 쉽게 드러내면 안 된다는 훈계질이다.

6

"네…, 자…알…알…겠…습니다."

신병 입대한 김 일병 멘트인 줄 알았다. 영혼 없는 말투로 무미건조한 한마디 던지고 돌아선다. 당연히 진짜 알았다는 의미가 아니다. '이제 듣기 싫으니 잔소리 그만하라'는 뜻이다. 일 시켜 보면 역시 나아진 점은 하나도 없고, 하던 대로만 반복하며 또 틀린다.

7

한마디로 김 대리는 완전무결한 존재다. 신이 아닌 이상 그 어떤 인간도 감히 김 대리를 가르치거나 야단칠 수 없다. 바로잡으려면 조금의 빌미도 주지 않아야 한다. 작은 틈새라도 있으면 어김없이 밀고 들어온다. 물론 김 대리 말이 다 맞을 수도 있다. 좋은 능력이 뒷받침되기만 한다면, 허세가 아니라 카리스마 넘치는 자신감으로 보일 수도 있다. 대신 이 회사에서 조직 생활을 같이 하기는 힘들겠다. 남들과 협업하며 팀워을 맞추고 효율을 높이기는 어려운 타입이다. 사람은 누구나 잘 되든 못 되든 자신이 저지른 행동에 대한 결과까지 기꺼이 감당해야 한다.

사과할 때 피해야 할 단어

1

“정말 죄송합니다. 그럴 의도가 아니었는데 상처를 입으셨다면 사과드릴게요.”

죄송하다는 말이 들어가 있으니 분명 사과는 맞지만, 고구마 100개 얹힌 느낌이다. 사과를 오염시키는 잘못된 단어가 들어가서 그렇다. 사과할 때 반드시 피해야 할 표현들이 있다.

2

사과를 한다면 앞선 잘못된 행동을 인정한다는 뜻이다. 잘못했다고 생각하지 않으면 사과를 할 리가 없다. 위의 문장처럼 조건문을 달아 놓으면, 나의 잘못 역시 조건부로 회피하겠다는 의미다. 나는 절대 인정하지 않지만, 주위 상황 때문에 어쩔 수 없이 사과하고 있다는 뉘앙스다. 대놓고 잘못이 아니라고 말하는 태도이므로, 듣는 입장에서 더 열불이 난다. 다른 사람은 그렇게 따지고 들지 않는데,

당신이 너무 깐깐하게 몰아붙인다는 말처럼 들린다. 속 좁은 당신이 그렇게까지 마음 상했다고 나오니, 나도 마지못해 사과하는 척은 하겠다는 멘트가 된다.

3

"약속을 어겨서 너무 미안해. 그런데 지난번에 당신도 깜박한 적 있지 않나?"

'그런데'는 사과문에 절대 쓰면 안 된다. '그러나'처럼 역접의 표현은 아니지만 사과 멘트에 들어가면, 앞뒤 문장을 정반대로 들리게 한다. 한마디로 앞 문장에서 사과의 내용을 말하더라도, '그런데' 이후의 문장에서는 변명이 튀어나오며 자기합리화의 숨은 본심이 드러난다. 잘못을 사과하려면 구차하게 변명이나 합리화를 시도하지 말고 깔끔하게 마무리하는 편이 좋다.

4

"본의 아니게 너를 화나게 했구나, 내 실수였어. 미안해."

상대가 나에게 화난 이유는 내 의도 때문이 아니다. 일부러 발을 밟았든, 균형을 잃고 넘어지며 실수로 밟았든 상관없다. 눈물 쏙 빠지도록 발이 아프다는 사실이 팩트다. 상대의 피해 상황 속에서 나의 행동과 의도를 구태여 분리하려는 시도는, 절반이라도 책임을 회피하고 도망치겠다는 말밖에 안 된다. 비슷한 자매품으로 '그럴 의도는 없었지만…', '오해가 있었다면…' 등이 있다.

5

실수하지 않는 사람은 아무도 없다. 누구든 남에게 피해를 끼치고 잘못을 저지를 수 있다. 그 자체만으로는 그렇게까지 문제가 되지 않는다. 관건은 그 이후의 태도다. 어떻게든 상황을 무마하려 들고 남 탓으로 돌리며, 본인 잘못을 어떻게든 축소·은폐하려고 드니 쓸데없이 일을 점점 키운다. 사과는 하는 사람이 아니라 받는 쪽이 주인공이다. '이쯤이면 충분하겠지' 하고 사과하는 사람이 함부로 결정지으려 들지 말라. 상대가 충분하다고 말하며 용서해야 비로소 사과가 끝난다.

말실수와 말버릇에 대한 착각

1

"앗, 말실수를 했네요. 죄송합니다."

많은 이야기를 나누다 보면, 본의 아니게 실수를 하기 마련이다. 본마음은 전혀 그렇지 않은데 어쩌다 그런 표현이 튀어나왔는지 모르겠다. 듣는 사람보다 말한 사람이 더 민망해한다. 실수는 실수로 덮고 넘어가면 좋다. 누구든 완벽할 수 없으니, 선만 넘지 않았다면 쿨하게 잊어버리자.

2

실수 자체를 크게 문제 삼지는 않더라도, 상대방이 사용한 그 단어나 표현에는 계속 마음이 쓰인다. 가만 생각해 보면 그전에도 이런 비슷한 경우가 종종 있었다. 훨씬 가볍게 지나가기는 했지만, 그 사람이 이런 종류의 단어를 지금 처음 쓰지는 않았다. 말실수와 말버릇은 엄연히 다르다. 술자리에서 살짝 취하여 옆자리 상사를 후배로 착각하고 반말을 했다면 행정적인 실수다. 반면 팀장님 업무 지시를 듣고는 "어휴, 또 나만 전부 힘든 일이네. 저 팀장은 맨날 나만 미워해." 중얼거리다 들켰다면 단순 실수로 보기 어렵다. 속내가 의심스러워진다.

3

"저 사람은 말을 참 잘해."

말솜씨로 칭찬을 많이 받는 사람이 있다. 시골 장터에서 약을 팔듯 사람을 홀리는 재주가 뛰어나다는 뜻이 아니다. 말속에 담긴 생각의 논리구조가 깔끔하다는 의미다. 사람의 말버릇은 심리와 내면 상태를 정확히 반영한다. 평소 사고방식, 생각 패턴이 말 한마디 한마디에 고스란히 묻어 나온다. 아무리 예쁘게 포장하여 본모습을 숨기려 해도, 백 마디 천 마디 말을 모두 커버하기는 어렵다. 반드시 허점이 생기고 바로 그 순간 본래의 진면목이 드러난다.

4

사랑에 빠지면 연인의 머리부터 발끝까지 모두 사랑스럽게 보인다. 말실수는 물론이고 안 좋은 말버릇마저 모두 좋게만 들린다. 어느 순간 헤어지게 되면 그때서야 지난 일들이 다시금 재해석되기 시작한다. 머릿속에 번개가 치며 깨달음의 순간이 온다.

"생각해 보니 그 사람은 카페 직원이 실수로 물을 쏟았을 때도 엄청 화내고 욕설까지 퍼부었지. 헤어질 때 나한테 했던 것처럼."

5

무심코 튀어나오는 말까지 바로잡으려면 마음공부가 깊어야 한다. 지금의 내 마음과 태도는 타고난 품성이 아니다. 그동안 무수한 고난을 겪으며, 나름의 자기방어 시스템을 구축한 결과가 지금 나의 심리 상태다. 누군가 나에게 강압적이고 위협적인 태도를 취하면, 그 상황에서 살아남기 위해 나의 마음도 뾰족하게 변한다.

내가 이를 악물고 바로잡지 않는 한, 내 안 어딘가에 그 흔적은 고스란히 남는다. '외상 후 스트레스', '트라우마' 같은 단어들은 절대 남의 이야기가 아니다. 우리들은 모두 크고 작은 심리적 상처를 안고 있다. 무릎의 희미한 흉터, 팔꿈치에 베인 자국이 언제 어느 순간 생겼는지 우리는 기억조차 못 한다. 그 무수한 사연들의 역사가 내 말버릇으로 남아 툭툭 튀어나오고 있다.

6

안 좋은 말버릇은 말실수와 달리 금방 고치기 어렵다. '이제부터 잘해 봐야지, 조심해야지' 그런 막연한 다짐만으로는 부족하다. 나의 내면을 겸허하게 들여다보고 성찰하며, 마음과 태도를 바로잡아야 해결된다. 일단 인정과 직면이 먼저다. 오랜 시간 내 속에 자리잡은 괴물들의 존재를 겸허하게 받아들이고, 하나하나 무찌르겠다는 굳은 다짐이 필요하다. 책이든 상담가든 여러 도움을 받으면 더 좋다.

부당함에 익숙해지지 말고 생존 신호를

1

"도대체 정신이 있는 거예요, 없는 거예요. 무슨 일을 이런 식으로 처리합니까!"

팀장님 호통 소리가 아침부터 쩌렁쩌렁 사무실을 울린다. 들어 보니 별일도 아닌데, 김 대리에게 삿대질까지 하며 역정을 낸다. 정작 김 대리는 무덤덤한 표정이다. 이제 면역이 되어 별 느낌이 없다고 한다.

2

'면역'은 의학용어다. 요즘은 일반용어처럼 널리 쓰이고 있지만, 어디까지나 기본 내용은 의학적 지식이다. 면역을 간단히 설명하자면 어떤 균에 맞서기 위해, 미리 살짝 부딪치고 예행연습을 하는 방법이다. 몸속에 균을 조금 넣어주면 그 얼마 안 되는 적군을 쉽게 무찌른다. 그 전투를 치르며 적군에 대한 상세 정보를 잘 기억해 둔다.

1년 뒤 어느 날 그 균이 떼로 몰려와도 이제 당황하지 않는다. 적군의 실체를 이미 잘 알고 있으니 금방 대처하고 이겨낸다. 면역기능의 승리다.

3

김 대리가 팀장님의 말도 안 되는 호통에 무덤덤한 장면은 면역이라고 볼 수 없다. 터무니없는 인격적 모욕에도 아무 감정변화가 없는, 매우 위험한 상황이다. 자존감이 낮아지면 남들이 함부로 대하고 공격적인 행동을 해도 아무 느낌이 들지 않는다. 상대가 폭언을 하든, 폭행을 하든, 추행을 하든 어느새 하나의 일상이 되어 버렸다. 물론 처음부터 그렇지는 않았다. 한 번 두 번 계속 반복되면서 어느새 익숙해졌을 뿐이다. 둔해져야 견딜 수 있다며 억지로 무시하고 외면한 시간들이 화근이었다. 이제는 나에게 퍼붓는 폭언은 물론이고, 내 주위 사람들이 당하는 폭행에 대해서도 신경을 안 쓴다. 오히려 조언까지 하는 경지에 이른다.

"처음이라 그래. 조금만 지나면 잘 견뎌낼 거야. 나도 처음에는 그랬어."

4

면역은 큰 적을 무찌르기 위해, 내부의 힘을 키워 미리 대비하자는 현명한 대비책이다. 면역기능과 자포자기하는 수동적 굴복은 전혀 다르다. 면역이라는 단어를 잘못 사용하면서 얼토당토않은 의미로 변해 버렸다. 무조건 참고 견디는 행동은 면역이 아니다. 팀장님 폭언을 잘 견디고 연습하면, 더 괴팍한 상무님 막말도 극복할 수 있다고 기대하는가. 매일 같이 맞고 사는 사람은 맷집이 좋아지기는커녕, 정신적으로 점점 황폐해지며 말라 죽어간다.

5

부당한 상황에 처하고도 면역 운운하며 참지 말고, 아닌 것은 아니라고 신호를 보내야 한다. 요즘은 대놓고 덤비지 않더라도, 여러 루트를 통해 메시지를 보낼 방법이 많아졌다. 정 여의치 않으면 그저 굳은 표정으로 대답 없이 침묵하자. 조용히 팀장님 방을 빠져나와 오후 반차를 쓰고 퇴근해 버리자. 아무리 무딘 팀장님이라도 심상치 않은 분위기를 충분히 느낀다. 말도 안 되는 폭력에 쓸데없이 익숙해지지 말라. 면역도 아니고 아무것도 아니다. 번쩍 손 들고 '나, 살아있는 사람!' 하고 생존 신호를 보내야 한다.

가까운 사이일수록 사과 잘 받아내기

1

“에이, 뭘 그렇게 신경 쓰고 그래. 부부싸움은 칼로 물 베기야. 며칠 지나면 다 잊혀질 거야.”

베고, 베고 또 베면 물속에도 상처가 남는다. 당장 눈앞에 피 뚝뚝 흘린 상처가 보이지 않는다고 방심하면 안 된다.

2

부부싸움에도 지켜야 할 게임의 규칙이 있다. 서로 간에 분쟁이 생기면 그 사안에만 집중해야 한다. 내가 코너에 몰린다고 해서, 작년 여름휴가 때 서운했던 일과 3년 전 크리스마스 선물 못 받아 삐친 일까지 줄줄이 끌어내면 안 된다. 각자 한풀이를 시작하면 몇 날 며칠 밤을 새워도 모자라다. 둘 다 자신이 피해자라고 주장하지만 제3자가 들으면 막상막하다. 상대방이 원인제공을 했으니 자신은 정당방위라고 우긴다. 상대는 그 원인제공의 또 원인제공을 말한다.

꼬리에 꼬리를 물고 들어가 보면 한도 끝도 없다. 우주 생성의 근원인 빅뱅까지 파고들 기세다.

3

함께하는 시간이 많을수록 일상에서 자잘한 상처를 많이 주고받는다. 서로가 편하고 익숙해지면, 늘 그 자리에 머물러 있는 상대방을 가볍게 대하기 시작한다. 남에게는 감히 꺼내지도 못 할 말과 행동을 서슴없이 퍼붓는다. 서로 함부로 대하니 피장파장인 듯하지만, 샘샘 정산하고 털어버릴 수는 없다. 끝까지 다투고 최후의 승자를 가린다 한들 상처뿐인 영광이다.

4

"당신도 우리 집 경조사에 신경 안 썼잖아, 왜 나한테만 뭐라고 하는 거야."

물귀신 작전을 쓴다고 상황이 나아지지는 않는다. 상대방이 잘못한 일이 있다고 해서, 지금 내가 저지른 잘못과 퉁칠 수는 없다. 그 일이나 지금 일이나 서로가 서로에게 미안해야 한다. 내 마음대로 플러스, 마이너스, 제로 셈법을 쓰면 안 된다. 상처는 진심 어린 사과로만 치유된다. 내가 한 대 맞았다고, 너를 한 대 때리면 내 고통이 사라질까. 상대방에게 상처받고 괴로웠던 만큼, 상대도 내 행동에 상처받는다.

5

칼로 물을 내리치면 항상 원상복구인 것 같지만 물에도 상처가 남는다. 부부끼리, 가족끼리, 친구끼리, 같이 일하는 동료끼리, 우리 사이에 이 정도는 괜찮아 하며 함부로 대하면 안 된다. 더 조심하고 더 더 배려하며 더, 더, 더 신경 써야 할 관계다. 작은 상처가 생기면 지체하지 말고 그 즉시 치유하자. 상대가 충분히 사과하지 않으면, 내 불편한 마음을 담담히 설명하고 사과를 받아 내야 한다. 잘못하고도 미안해하지 않고, 피해 입은 사람이 사과도 받지 않으면 점점 상처만 쌓인다. 그렇게 둘 다 마음이 황폐해지며 물이 점점 탁해져 간다.

위로와 조언의 밸런스

1

"네가 겪은 그 일은 이런 식으로 해결하면 좋겠다."

"지금 나는 조언보다는 위로가 필요해서 왔는데…."

남자와 여자만 화성, 금성 출신 성분 문제가 있다고 생각하면 오산이다. 사람마다 사고방식에 따라 논리 위주, 감성 위주 대처 방법이 제각각이다.

2

대형 사건으로 울상인 사람의 말을 들을 때, 조언과 위로의 멘트는 극과 극이다. 조언이 중요하다고 생각하는 A는, 마음을 가라앉히고 재빨리 대책을 세우기 시작한다. 지금 상대가 처한 문제의 핵심부터 파악한 뒤, 급하게 해결할 부분과 시간을 두고 챙겨야 할 항목을 나누어 본다. 종이에 리스트를 주욱 적어가며 하나하나 친절하게 세부항목을 일러준다. 반면 위로가 우선이라고 생각하는 B는 두 손부터 부여잡는다. 갑자기 이런 일이 생겨 얼마나 황망할지부터 헤아린다. 울고 싶으면 마음껏 울어도 된다며 꼬옥 안아준다. 그 아픈 마음을 함께 느끼고 자신도 눈물을 흘리기 시작한다.

3

어려움에 처한 사람에게는 당장 눈앞에 처한 큰 이슈가 2가지 있다. 충격받은 마음을 진정시켜야 하고, 또한 이 사태를 슬기롭게 잘 해결해 내야 한다. 이야기를 전해 들은 상대는 자신의 관점에서 더 중요하다고 생각하는 측면으로 접근한다. 평소 공감의 관점으로 세상을 바라보는 사람은 위로를, 성취의 관점으로 일상을 이어가는 사람은 대책을 내놓는다. 상대방 입장을 따져보고 지금 현재 필요한 도움을 주기보다, 자신이 돕고 싶은 방식대로 돕는다.

4

위로는 꼭 필요하다. 논리적인 대책만으로는 해결되지 않는 빈자리가 있다. 당황하여 멘붕에 빠진 사람은, 대책이고 뭐고 아무 판단이 안 선다. 제아무리 기가 막힌 솔루션을 제시한다 한들 귀에 들어오지 않는다. 오히려 엉뚱한 판단을 하여, 상황을 더 나쁘게 할 가능성도 있다. 위로는 무인도에 나 홀로 살아남은 로빈슨 크루소의 고독과 절망을 무마시켜 준다. 패닉을 벗어나 심리가 안정되어야 머리가 제대로 돌아가기 시작한다. 단, 위로 자체가 미래를 바꾸지는 못한다. 마음이 진정된 후 편해진 심리 상태 그대로 우왕좌왕할 우려가 있다. 위로받은 후 정신 차리고 해야 할 일을 제대로 하는지 잘 지켜보아야 한다.

5

조언은 당연히 중요하다. 평소 여러 경우의 수를 대비하는 사람이라면, 어려움에 처해도 즉각 플랜B를 떠올리며 해결해 낸다. 지금 당황하고 있다는 말은 잘될 거라는 안일한 마음으로 일 처리를 해왔다는 증거다. 이 상황을 어떻게 풀어가야 할지 대책을 떠올리지 못한다. 조언은 혼자 힘으로 이겨내기 힘든 상황에, 어디부터 수습하면 좋을지 응급 대처 방법을 알려준다. 시급한 일 한두 가지부터 얼른 틀어막으면, 그럭저럭 급한 불을 끄면서 서서히 수습해 나갈 수 있다.

단, 조언이 마음을 바꾸지는 못한다. 갑작스런 일로 충격과 공포에 휩싸인 사람에게, 머리로 생각해야 할 이성적인 조언부터 건네면 허탕이다. 대책을 논하기 전에 받아들일 준비가 되었는지부터 살펴야 한다.

6

구태여 따지자면 위로 먼저, 조언 나중이 맞겠지만 핵심은 상대방의 상태다. 위로부터 전하되 마음이 가라앉길 기다렸다간 큰일 날 일은, 즉각 해결할 수 있도록 조언도 겸해야 한다. 상대와 상관없이 내 가치관에 따라, 내가 익숙한 방식으로만 상대에게 접근하면 아무

도움이 안 된다. 멘붕 상태라면 위로를, 우왕좌왕한다면 조언을 해 주면 좋다. 선물은 주고 싶은 사람의 마음보다 상대에게 필요한 품목을 해 줄 때 더 빛난다.

좋은 의도일수록 꼭, 말로 표현하자

1

"내 말이 기분 나빴다면 사과할게."

분명 사과의 말은 맞는데 왜 이리 화가 치미는지 모르겠다. 상대가 잘못한 그 행동보다 이 말 때문에 더 열받는다. 물론 나에게 미안해하며 사과의 말을 꺼낸 그 의도는 잘 안다. 아무리 마음이 그렇다 해도 말을 저렇게 하면 어떡하나.

2

사과한 사람도 나름 억울하다. 분명 마음 깊이 반성하고 잘못을 깨달았다. 미안한 마음 하나 없이 사과하는 척 흉내만 내지도 않았다. 나름 진심어린 사과의 말을 꺼냈지만 상대 표정이 별로 안 좋으니 나도 기분이 별로다. 악의는 없었을지 몰라도 내 사과의 말이 상대에게 또 다른 상처를 안겨 주었다. 나 스스로 면벌부를 남발하고 뻔뻔해지지는 말자. 상대가 기분 나빠하고 있으면 분명히 내가 원인

제공을 했다. 일단 인정부터 하고 시작하자.

3

좋은 뜻으로 한 행동이지만 결과가 안 좋을 때가 있다. 무더운 날씨에 부엌에서 칼국수 만드느라 고생하는 아내가 너무 안쓰럽다. 더울까 봐 선풍기를 세게 틀어주면 어떻게 될까. 밀가루 반죽이 사방천지에 날리고 아내의 할 일이 백배 더 늘어난다. 당하는 사람은 상대방 의도를 신경 쓸 겨를이 없다. 돕지는 못할 망정 옆에서 훼방 놓고 장난친다고 생각한다. 좋은 뜻이었든 나쁜 뜻이었든 일단 문제가 생겼고 화가 난다. "왜 화를 내고 그래, 나는 당신 더울까 봐 선풍기 틀어준 것뿐이라고!" 고개 빳빳이 들고 당당하게 나오면 곤란하다. 의도와 상관없이 내 행동이 상대에게 피해를 끼쳤다는 사실이 중요하다.

4

'선한 의도가 지옥을 만든다.'

경제학에서 자주 등장하는 문구다. 문제를 해결하려는 좋은 뜻으로 이런저런 정책을 쓰지만, 결과적으로 상황을 더 악화시키기만 하는 경우를 말한다. 특히 성과를 내야 하는 회사나 국가 단위에서는, 의도보다 결과가 훨씬 중요할 때가 많다. 좋은 의도로 좋은 결과를 낳으면 가장 좋겠지만 적어도 나쁜 결과는 만들지 말아야 한다. 공적인 업무에서 일단 결과가 안 좋으면, 선의로 한 일이라고 변명한들 사람들을 납득시키기 어렵다. 중요한 미션일수록 결과가 의도를 설명한다. 선의에만 지나치게 충실하여 실제 해결 상황을 가볍게 생각하면 큰코다친다. 아무리 좋은 의도라도 실제 현실로 구현할 수 있는지는 전혀 별개의 문제다. 사람들을 돕겠다는 신념으로 누군가는 굶는 사람 식사를 챙기고, 다른 누군가는 전쟁을 일으켜 더 많은 사람들을 다치게 한다.

5

상대방이 내 마음 깊은 곳 선한 마음을 알아주지 못한다고 서운해하면 안 된다. 겉모습만 척 보고서 속내까지 한눈에 알아차릴 사람은 아무도 없다. 좋은 결과를 기대하고 깜짝쇼를 벌이면 더더욱 트러블이 생길 위험만 높아진다. 좋은 의도라면 그 마음부터 자세히 밝히자. 그 속내부터 잘 전해야, 결과에 상관없이 상대가 그 선의를 제대로 받아들인다. "어휴, 꼭 일일이 말로 해야 아나요. 민망하게…" 그렇다, 꼭 말로 해야 안다. 사랑하는 사람에게 시원한 바람을 선사하려는 배려인지, 7살 철부지 나이로 돌아가 부엌에 새하얀 눈이 내리게 하고 싶은 장난기인지 남들은 절대 모른다. 어쩌면 당신 자신조차 처음의 자기 마음을 잘 모를 수 있다. 나중에 안 좋은 결과가 생기면 그제서야 덜컥 겁을 먹는다. 뒤늦게 발뺌하고 도망칠 궁리를 하지만 이미 늦었다.

응징할 때도 부드럽게

1

“뭐하는 짓이야, 얼른 제대로 해 놓지 못해!”

바른말 고운 말만 쓰면서 살고 싶은데, 주위에서 도와주지를 않는다. 때로는 동료, 가족, 고객과 불편한 상황을 이야기해야 한다. 부정적인 멘트는 말하는 사람이나 듣는 사람 모두 마음이 편치 않다. 우회하는 쿠션 용어로 바꾸기만 해도 훨씬 부드럽게 메시지를 전할 수 있다.

2

“지금이 도대체 몇 시야? 2시에 만나기로 해 놓고 2시 반에 오면 어떡해!”

상대가 약속을 어기면 누구나 화가 난다. 이미 약속을 어긴 전과가 많거나 요즘 밉상 짓을 많이 했다면 이 기회에 한판 벌여도 된다.

만일 평소에 처신을 잘하여 선행 마일리지 10만 점 이상이라면, 한 번쯤 봐줄 수도 있다. 그럴 때는 오늘 잘못을 직접 언급하는 대신, 우아한 코멘트 한 마디로 옆구리 슬쩍 찌르기만 해도 충분하다.

"원래 약속 시간 잘 지키는 사람이면서…. 다음에는 조금만 서둘러 주세요."

3

사람 마음은 언어의 뉘앙스에 많이 좌우된다. 맥락과 상관없이 부정적인 표현을 들으면 이미 네거티브 이미지가 머릿속에 가득 찬다. 똑같은 내용이라도 긍정 단어 위주로 말하면 상대에게 훨씬 부드럽게 흡수된다. "그렇게 뚱뚱하신데 야식까지 드시면 살이 빠질 리가 없죠." '뚱뚱'이라는 단어는 누가 들어도 기분이 안 좋다. "날씬해지시려면, 야식을 줄이셔야 합니다."

"하루 종일 게임만 하고 뒹굴거렸으니, 이제 공부 좀 하시지?"

'하루 종일', '게임만', '뒹굴'이라는 문구는 모두 사실이지만 남에게 들으면 괜히 화가 난다. 더 꼼짝하기 싫어진다. "오늘 공부를 많이는 못했지? 자기 전에 문제집 한 페이지만 더 풀면 어떨까?" 얼굴이 화끈거리며 은근히 찔린다. 염치가 있으면 수학 문제 하나라도 풀고 잔다.

4

정반대의 경우도 있다. 부드럽게 넘기기는커녕, 이번 기회에 따끔하게 버릇을 고치고 싶을 때도 있다. 이때도 역시 표현에 조심해야 한다. 강, 강, 강 멘트만 계속 터뜨리면, 구석까지 몰린 쥐처럼 몸을 휙 틀어 나를 향해 튀어 오르며 반격할 수도 있다. 일부러 부정적인 단어를 팍팍 쓰되, 교묘하게 반박할 수 없도록 2차 가공을 하면 된다. 매일 술 마시고 새벽에 들어오는 남편이 오늘도 어김없이 2시가 넘어서야 들어온다.

"당신이 천하의 술꾼처럼 밤새도록 술 마시는 것도 아니고, 또 가정이야 어떻게 돌아가든 말든 신경 하나도 안 쓰는 몰상식한 사람이 아닌 줄은 잘 알아. 내가 특별히 더 할 말은 없는데, 좀 일찍 다니면 좋겠어."

5

분명 잘못은 상대가 저질렀다. 나에게 응징할 우선권이 생겼는데, 언어폭력을 퍼부으며 그 찬스를 허무하게 날리면 너무 아쉽다. 우세한 위치에 있다고 즉각 칼을 뽑기보다 칼집에 칼을 넣은 채로 툭툭 건드리는 여유를 보이면 좋다. 상대는 변명하거나 합리화할 기회만 엿보고 있었는데, 내가 발언권을 넘겨주지 않고 부드럽게 상황을 마무리해 버리면 머쓱해진다. 효과 만점이다.

제대로 혼내기

1

“재활용 쓰레기 분류를 잘 좀 하라니까, 이렇게 다 섞어 놓으면 어떡해. 내가 너희들 쓰레기통 뒤치닥거리까지 해야겠니!”

잘못했으면 야단을 맞고 혼나야 한다. 혼나는 과정은 타이르는 훈계가 아니다. 이미 설명과 교육의 시기를 거쳤는데도, 여전히 정신 못 차리고 같은 행동을 반복할 때 던지는 감정적인 충격요법이다.

2

“프린터 토너 교체하라고 했어, 안 했어. 또 잊어버렸어? 왜 그렇게 머리가 나빠!”

목소리를 크게 하며 얼굴을 무섭게 찡그린다고 모두 정당한 혼내기는 아니다. 합법적인 혼내기와 구별해야 할 잘못된 행동 중 대표선수가 바로 언어폭력이다. 혼내려면 상대가 잘못한 바로 그 행동을 지적해야 하는데 갑자기 엉뚱한 방향으로 불똥이 튄다. 상대방의 인성과 자질까지 모조리 소환하여 닥치는 대로 공격한다. 상대방이 잘못을 깨닫지 못하니, 더 강하게 혼낸다고 말할지도 모르겠다. 상대는 잘못을 저지른 그 행동에 대해 스스로를 돌아보며 반성할 수는 있지만 인격모독까지 견뎌야 할 이유는 없다.

3

"내가 너를 어떻게 키웠는데, 네가 나한테 이럴 수 있니?"

세상 모든 부모가 절대 포기할 수 없는 멘트다. 지금 자녀가 어떤 잘못을 저지르기는 했으나, 이 문장은 결코 혼내는 말이 아니다. 자녀를 위해 헌신한 금쪽같은 시간들에 대한 보상심리와 기대가 허물어져 실망했다는 마음이 크다. 언뜻 너 잘 되라고 하는 말처럼 들리지만 결국 부모 자신을 위한 말이다. 부모와 자녀 사이 정서적 의존관계를 청산하지 못했을 때 흔히 나온다.

4

"기획안이 이게 뭐예요, 다시 제대로 해 오세요!"

팀장님이 난데없는 호통을 치지만, 까칠한 김 대리가 대들지도 않고 순순히 돌아 나온다. 5분 전 팀장님이 상무님 방에 불려가 호되게 당하고 오신 사실을 잘 알고 있다. 팀장은 평소 자신이 대단히 합리적인 사람이라고 생각한다. 상무님께 혼난 일과 김대리 기획안의 실수는 엄연히 별개이며, 실수에 대한 정당한 질책을 했다고 여긴다. 본인 생각일 뿐이다. 남들에게는 무조건 화풀이로만 보인다. 내 마음속에 화가 끓어오른다고 해서 다른 사람 실수를 빌미로 감정을 폭발시키면 혼내기가 아니라 감정투사에 지나지 않는다.

5

제대로 혼내려면 어떻게 해야 할까. 상대를 위하는 마음이 가장 중요하다. 상대방이 다칠까 봐, 잘못될까 봐, 큰일을 당할까 봐 염려하고 걱정하는 마음이 시작이어야 한다. 한 번 알려주고 두 번 가르쳤지만 같은 방식으로 실수를 반복할 때, 정신적 각성을 위해 어쩔 수 없이 충격을 주는 과정이 혼내기다. 아무리 좋은 마음이라 하더라도 20살 넘은 사람을 야단치기는 매우 어렵다. 상대가 순순히 받아들인다는 보장도 없고, 자칫 꼰대 소리 들을 위험도 크다. 사회에서는 혼내는 대신 주로 '행정'과 '인사 처리'로 말한다. 갑자기 지방 발령이 나거나 해고를 당할 때 뒤에서 힘쓴 사람은, 싫은 소리 한번 안 하고 친절하게 대해주신 팀장님이다. 평소 나의 잘못에 대해 언어폭력, 원망, 감정투사가 아닌 애정 충만한 자세로 혼을 내주는 사람이 있다면 정말 감사해야 한다. 그 황금 같은 기회가 아니면 나는 이대로 성장을 멈춘 채 평생 양철북만 두드려야 한다.

져 줄 마음으로 설득해야 승률이 높아진다

1

"내 생각에는 택시보다 지하철을 타는 편이 낫지 않을까 싶어."

설득은 결코 쉽지 않다. 택시를 주장하는 사람이나, 지하철을 주장하는 사람이나 각자 나름의 이유가 있다. 서로 자신의 생각이 옳다고 믿으니, 어느 한쪽이 양보하거나 서로 절충하려면 큰 결단이 필요하다.

2

"김 대리는 어쩌면 그렇게 설득을 잘해요? 비결 좀 가르쳐 주세요."

"별 기술은 없어요, 상대방 말이 내 말보다 더 타당하다 싶을 때, 언제든 갈아탈 준비를 하고 있을 뿐이죠."

설득 잘하는 방법은 의외로 간단하다. 나부터 설득당할 준비를 하고 마음을 열어야 상대도 마음을 연다. 치밀한 논리와 인신공격으로 기어이 상대방을 꺾겠다고 덤비면, 상대 역시 그리 중요하지 않은 일에 똑같이 목숨 걸고 맞선다.

3

상대편이 내 말을 따르도록 하고 싶으면, 오히려 상대 말을 잘 들어야 한다. 내가 하고 싶은 말을 백 마디 퍼붓는다고 해서, 어느 순간 갑자기 "아, 그렇게 된 일이군요. 좋아요. 그렇게 하죠" 하고 태세 전환하며 급공손하게 손을 내미는 경우는 없다. 지금까지 버텨온 이미지 때문이라도 그렇게 못한다. 만일 상대의 말을 경청하다가 판세를 좌우할 만한 키워드 한두 개를 발견하면 의외로 쉽게 설득할 기회를 잡는다. 팽팽히 맞서는 와중에 진심 어린 눈빛으로 열심히 듣고 있으면 겸손한 사람이라는 이미지까지 덤으로 생긴다. 상대방도 함부로 칼날을 휘두르지 못한다.

"택시 요금이 너무 많이 나올까 봐 걱정했구나. 내가 전에 타본 적이 있는데, 3명이 나눠서 내면 지하철 요금하고 거의 비슷해."

4

무작정 내 말이 맞다고 우기면서 상대방을 공격하면, 서로 칼끼리 부딪치며 쓸데없는 불꽃만 튀긴다. 한발 물러서서 진솔한 이야기를 털어놓는 순간, 상대도 감추고 싶었던 숨은 속내를 하나둘 말하기 시작한다. 지금껏 전혀 몰랐던 새로운 내용을 들으며 상대의 처지에 공감하기 시작한다. 상대편 입장에서 문제를 바라보며 함께 머리를 맞대고 해결책을 의논하게 된다.

"그렇게까지 말하니까 나도 더 고집을 못 부리겠네. 실은 내가 요즘 허리가 아파서 치료받는 중이거든. 택시를 꼭 타야 한다면 좌석이 편한 차종으로 좀 고려해 줘."

5

설득 잘하는 김 대리는 절대 본인 주장만 100% 관철시키려 들지 않는다. 고대의 전투에서도 상대가 항복하면 적장을 예우하고 점령지를 배려하였다. 서로 win-win했다는 느낌을 갖지 못하면, 그 순간 승패가 엇갈릴지언정 속으로 분한 마음을 꾸욱 누르게 된다. 나중에 어떤 식으로든 반드시 보복한다. 기꺼이 낮은 자세로 상대의 말을 경청하며 이해하고, 상대도 그에 걸맞는 부드러운 포지션으로 합의를 해야 서로 불만이 없다. 어떤 합의가 나오더라도 도중에 깨질 가능성이 낮고 상대를 미워하지도 않는다. 계속 동반자로 남으니 사람까지 얻었다. 이순신 장군이 '살려는 자는 죽고 죽으려는 자는 살 것'이라 했다. 설득에서는 이기려는 자가 지고, 질 준비가 된 자가 이긴다.

가끔은 돌직구보다 커브로

1

“언제 기어이 사고 크게 칠 줄 알았다. 평소에 조심하라고 그렇게 일렀거늘!”

부모가 자녀에게, 팀장님이 신입사원에게, 선생님이 학생에게 늘 하는 말씀이다. 욱하면 우다다 아무 말이나 마구 튀어나오기 마련이다. 때로는 소통에 돌직구보다 커브가 좋다.

2

“난 원래 솔직한 성격이라 있는 그대로 말해. 절대 기분 나빠하지 말고 들어. 다 너를 위해서 하는 말이야.”

그 입 다물라는 말이 혀끝까지 올라왔지만 겨우 참는다. 기분 나빠하지 말라는 말을 듣는 순간, 기분은 이미 나빠졌다. 듣는 사람이 기분 나쁘면 솔직한 말이 아니라 그저 예의 없는 말이다. 언제부터 인가 내키는 대로 마음껏 내뱉는 말이 '솔직함', '돌직구', '사이다' 같은 이름으로 포장되기 시작했다. 어떤 위치에 있든 상대방 속을 후벼 파는 말은, 정당한 이의 제기도 아니고 상대를 위하는 조언도 아니다. 한판 해보자는 말싸움일 뿐이다.

3

물론 사안이 중요하거나 상대의 포지션에 따라 강한 자극이 필요할 때도 있다. 모든 말을 돌직구로만 던지니 문제다. 상황을 잘 살핀 후 상대에게 알맞는 구질을 잘 선택해야 한다. 타자가 직구에 강한지 커브에 강한지 잘 판단해야 아웃시킬 수 있다. 가뜩이나 소심하고 겁도 많은 부하 직원에게 우다다 기관총 사격을 시전하면 잘못을 시정하기도 전에 정신적 멘붕으로 쓰러져 버린다.

4

"새로 뽑은 직원이 실수해서 가볍게 한마디 했더니 막 울더라구요. 나 원 참, 적반하장도 유분수지…."

평소 그 사람 성격으로 볼 때 절대 가볍게 한마디만 했을 리가 없다. 쥐를 구석으로 제대로 몰아세운 뒤, 인정사정없이 원투펀치 날린 상황이 뻔히 보인다. 한마디 조언을 해야겠다.

"참, 요즘 프로야구 재밌던데요. SK가 꼴찌라던데 이전의 그 엄한 감독님 시절처럼 선수들을 막 굴려야 잘하려나요?”

“에이, 무슨 말씀이세요. 요즘 그렇게 하면 큰일 나요.”

“(다른 이야기 한참 나눈 뒤) 내일 그 직원한테 커피라도 사주면서 좀 달래줘야겠어요. 제가 좀 심했다 싶네요.”

5

옛날 중국에서는 공자나 맹자 같은 위인들도 왕에게 함부로 조언하지 못했다. 입바른 소리 잘못 꺼냈다가 왕의 눈 밖에 나면 바로 목숨이 날아갈 수도 있었다. 그들이 선택한 방법이 바로 비유와 우화다. 교묘하게 왕의 심기를 건드리지 않으면서, 비슷한 사례로 공감을 이끌어 냈다. 본인이 스스로 깨달았다는 느낌이 들어야 행동의 변화가 생긴다. 〈미션 임파서블〉의 톰 크루즈가 되어 치밀한 미션을 완수해 보자.

지적은 좁게, 칭찬은 넓게

1

"젊은 사람들이 다 그렇죠, 뭐."

"어르신들은 다 꼰대 아닌가요."

나이가 젊은 사람은 몇 살부터 몇 살까지인가. 그 나이대에 들어가면 무조건 그런 행동을 함부로 저지를 만한 젊은 사람 취급해도 괜찮은가. 나이가 많다는 어르신 표현도 마찬가지다. 소통할 때 덩치가 큰 일반명사는 가급적 안 써야 한다. 지칭하는 범위가 크면 클수록 설득력이 떨어진다. 사람마다 상황마다 조건이 모두 다를 수밖에 없다. 일반화의 늪에 빠지는 순간 눈이 멀기 시작한다.

2

지하철에서 덩치 큰 20대 남자가 툭 치고 지나간다. 순간 욱하는 마음이 든다. "요즘 젊은 것들은…", "한국 사람들은 도무지…", "남자들이란…" 사람마다 다양한 멘트로 투덜거린다. 일반명사의 범위가 넓을수록 상대는 빠져나갈 구멍이 없고, 그만큼 내 속은 더 후련해진다. 대신 몇 마디 말로 쉽게 끝날 수 있었던 일이, 인신공격으로 변질되며 큰 싸움으로 번지기 쉽다. 지금 내가 불만스러운 상황은 젊은이, 한국 사람, 남자와 관계된 일이 아니다. 눈앞의 '저 사람'이 '나'를 치고 지나간 하나의 사건에만 집중하자.

3

방학이라 학교도 안 가고 하루 종일 뒹굴거리는 자녀에게 부모가 한마디 던진다. "어떻게 하루 종일 책 한 글자를 안 보니?", "넌 1년 내내 방 청소 한 번을 안 해?", "허구한 날 매일 늦잠이야?" 시간 범위가 너무 넓은 단어를 쓰는 순간, 적에게 너무 많은 허점이 노출된다. "아까 책 두 페이지 봤거든.", "지난주에 내방 쓰레기 한 번 버렸어.", "그저께 아침에는 7시에 일어났다구." 언뜻 말장난한다고 생각하기 쉽지만, 논리적으로 따진다면 완전히 틀린 말이라고 볼 수는 없다.

4

구체적인 단어는 의미가 명확하고 오해의 소지가 적다. 일반적인 말은 공감보다 반발을 일으키기 쉽다. 상대의 특정 부분을 지나치게 확대하여, 인격을 모독하는 멘트로 흐를 위험이 크다. 가뜩이나 지적과 조언을 해야 하는 어려운 상황에 단어 선택까지 꼰대스러우면, 듣는 사람은 대놓고 튕겨낼 좋은 핑곗거리가 생긴다. 조금 귀찮고 번거롭더라도 지적하고 싶은 일의 여러 디테일을 찾아 작은 일로 만

들어 보자. 듣는 사람도 마음 상하지 않고 대수롭지 않게 여기며 쉽게 고칠 수 있다.

5

안 좋은 일은 범위를 좁힐수록 좋고, 좋은 일은 반대로 크게 크게 넓혀야 한다. 백 년 만에 책상에 앉아서 공부하는 자녀에게 "어이구, 오늘은 어쩐 일로 공부를 다 하시고" 하면 오만 정이 다 떨어진다. 심호흡 세 번 하고 마음을 가다듬은 뒤 오글거리는 칭찬을 하자. "요즘 책상에 앉는 시간이 많이 늘었는데? 역시 한 학년 올라가더니 자세가 싹 달라졌구나." 듣는 자녀도 뜨끔하겠지만, 기분 좋은 분발의 기회로 삼을 수 있다. 어쩌다 한 번이 여러 번으로 대접받으면, 다음에 또 한 번 해볼까 싶은 용기가 생긴다.

어른인데도 어린아이처럼 말하는 당신

1

"왜 말을 안 들어? 시키면 시키는 대로 좀 해!"

하루에도 몇 번씩 여기저기서 듣게 되는 멘트다. 박 팀장이 김 대리에게, 부모가 어린 자녀에게, 사장님이 알바생에게 습관적으로 내뱉는다. 일종의 언어폭력이다. 남의 생각과 행동을, 내 의지대로 통제하려는 통제 욕구가 숨어 있다.

2

아이들은 자주 싸운다. 하나 남은 과자를 서로 먹으려고 덤비거나, 놀이기구를 탈 때 줄을 안 서고 새치기하려다 툭탁거리기도 한다. 아이는 아직 미성숙하다. 나와 남이 다른 존재라는 사실을 깨닫지 못한다. 남을 존중할 줄 모르고 무조건 내 욕심만 채우려고 한다. 상황이 뜻대로 흘러가지 않으면, 무슨 수를 써서라도 내 마음대로 하려고 한다. 바로 이때 폭력이 시작된다. 말이나 행동으로 상대방을 겁주고 윽박지른다.

3

같은 상황일 때 제대로 된 어른은 안 싸운다. 오랜 경험과 학습으로 인간 세상 돌아가는 원리를 배웠다. 사람들 모두 각자의 생각이 있으며, 상대에게 내 판단을 강요하거나 내 감정을 그대로 느끼게 할 수 없다는 사실을 너무도 잘 안다. 아울러 상대를 인정하고 배려해야 나 역시 존중 받을 수 있다는 원칙도 깨달았다. 생각이 다를 때는 조심스럽게 설명하고 설득한다. 중간지점에서 합의하기도 하고, 정 안 되면 포기할 줄도 안다.

4

어른이 어른답지 못하면, 아이 시절 습관 그대로 계속 일방적인 폭력을 사용한다. 상대를 존중하지 않으면서 나만 존중받고 싶어 한다. 상대가 내 뜻을 따르지 않으면 힘으로 굴복시키려 한다. 상대가 나보다 체구가 작거나 권력이 약하면, 아무 고민 없이 찍어 누르기로 결정한다. 공감 능력이 관건이다. 내 폭력적인 언행에 상대가 얼마나 고통스러울지 그 마음을 헤아리지 못해서 그렇다. 어릴적 가지고 놀던 로보트와 인형의 팔다리를 마구 잡아 뜯으며, 깔깔거리고 즐거워하던 마음 딱 그 수준이다.

5

어른스럽게 성장하지 못한 사람이 계속 폭력에 의존하면 주위에서 말려야 한다. 뜯어고치기 어려우면 강제로 응징이라도 해야 한다. 인간은 사회 속에서 약육강식 힘의 논리 대신 이성적인 대화를 나누며, 서로 평화롭게 어울려 살기로 약속했다. 그 규칙을 함부로 어기도록 내버려 두지 말자. 내가 피해자가 아니라고 외면해서도 안 된다. 강자 약자 논리가 일반화되는 순간, 나보다 강한 자들이 나에게도 발톱을 드러내기 시작한다. 순식간에 나도 피해자 입장에 처한다. 세상에 절대강자는 없는 법이니, 서로 물고 물리는 처절한 동물의 왕국이 펼쳐지기 시작한다.

6

김 대리에게 합리적으로 설명했는데도 지시를 따르지 않는다면, 내 말주변이 부족하지는 않았나 자신을 먼저 돌아보자. 설명을 7번 더 하고도 개선되지 않으면 쿨하게 아름다운 이별을 준비하자. 폭력은 아예 떠올리지도 말자.

조용하지만 강하게 주장하는 노하우

1

“팀장님, 이 일은 너무 부당합니다. 이렇게 처리하시면 너무 원칙에 안 맞습니다.”

김 대리와 이 대리는 자기주장이 강하다. MZ세대답게 옳고 그른 문제에 민감하고 본인 생각을 거침없이 드러낸다. 은근슬쩍 속으로 삭이며 넘어가지 않는다. 팀장은 당황스럽다. 조직 생활 속에서 어느 정도 자신을 숨기며 지내는 문화에 익숙하다 보니, 가끔은 그들이 얄밉고 또 가끔은 너무 버겁다.

2

“팀장님, 회의 중에 그렇게 결정 난 사항인데, 이렇게 바꾸시면 곤란합니다. 제대로 좀 처리해 주세요.”

김 대리와 이 대리 모두 주관이 뚜렷하지만, 비슷한 듯 다른 면이 있다. 김 대리는 어떤 생각이 떠오르면 때와 장소를 가리지 않는다. 상대가 누구라도 거침없이 자기표현을 한다. 김 대리가 크게 착각하는 부분이 있다. 주장을 강하게 하는 말과 아무 표현이나 무례하게 하는 말은 전혀 다르다. 말의 내용과 전혀 상관없다. 예의 없는 말은 콘텐츠와 별개로 그저 상대를 배려하지 않고 무시하는 행동에 지나지 않는다.

3

그럼 이 대리는 어떨까. 팀장님 브리핑을 듣던 중 갑자기 이 대리 표정이 굳어진다. 어딘가 마음에 안 들었나 보다. 하지만 팀장님 말씀이 끝날 때까지 아무 말 없이 잠자코 듣고만 있다. 드디어 회의가 끝나자, 성큼성큼 팀장님에게 다가간다. "팀장님. 커피 한 잔 하실래요?" 옥상에서 둘만의 자리를 만든 뒤, 이번에 새로 들어온 신입 사원들에게 말씀을 함부로 하셔서 듣기가 조금 거북했다는 말씀을 드린다. 다소곳이 정중한 태도로. 팀장님도 처음에는 감히 이런 말을 하다니 욱하는 마음이었지만, 이 대리가 차근차근 바른 자세로 하는 말을 듣다 보니 그리 틀린 말도 아니다. 이렇게 대놓고 말하는 사람이 없어서 당황스럽기는 하지만 이런 기회에 자신을 돌아볼 수 있어서 유익한 시간이었다.

4

주장을 강하게 한다는 말은, 빙빙 돌리지 않고 한 칼에 핵심을 찌른다는 뜻이다. 좀 더 배려를 해 달라, 입장을 이해해 달라는 모호하고 애매한 말 대신, 이번 프로젝트 업무 배분이 비효율적이고 부당하게 느껴진다는 정확한 의사 표현을 한다. 동양권에서는 조직 내에서 권리 주장하는 문화가 부족하다 보니, 문제점을 정확히 이야기하기만 해도 미운털이 박히기 쉽다. 좋은 말로 자기주장 강한 사람이라 표현하지만 속으로는 버르장머리 없는 천방지축 이미지를 갖는다. 해야 할 이야기는 담백하게 서로 주고받을 수 있으면 좋겠다. 은근슬쩍 눈치만 보며 할 말 못 하고 꾸욱 참으면 문제를 더 키우기만 한다. 기성세대가 반성할 부분이다.

5

주장의 논리가 빈약하고 말의 앞뒤도 안 맞는데 우락부락 큰 체격으로 소리만 고래고래 지르는 사람이 있다. 백화점 인포메이션 직원이나 음식점 알바생에게 갑질하는 진상 고객들이다. 강한 주장과는 전혀 상관없고 그저 언어폭력과 난폭한 행동을 하는 사람들이다. 막무가내 힘의 논리가 통하던 시절의 고약한 습관이 아직 청산되지 않은 잔재다. 힘센 남자가 데이트 중 여성에게 폭력을 휘두르는 행동을 상남자의 실수로 너그럽게 봐주면 곤란하다. 예의가 없고 폭력에만 의존하는 사람이 나타나면 주위 사람들이 No를 외치며 약자를 구해 주어야 한다.

6

강자가 하는 주장을 무조건 강한 주장이라고 오해하면 안 된다. 세력만 믿고 실력 행사로 나선다면, 약한 주장을 힘으로 밀어붙여 자신의 이익만 지키는 이기적인 행동이다. 아무리 소수의 약자가 하는 말이라도 논리가 타당하고 이치에 맞으면 고개를 끄덕일 줄 알아야 한다. 합리적이고 공명정대한 말은, 초등학생 어린이가 하더라도 말에 힘이 느껴진다. 누가 말하든 주장이 타당하고 이치에 맞기만 하면 그 강력한 목소리에 귀를 기울여야 한다. 한 명이라고 해서, 힘이 약하다고 해서 그 목소리를 무시하면 안 된다.

7

"용돈 인상? 말도 안 돼. 중간고사 성적표를 보고도 용돈 이야기가 나오니?"

중2 소정이가 엄마와 용돈 협상을 벌인다. 엄마는 성적을 근거로 단칼에 무시했지만, 소정이는 차분하게 강한 주장을 이어간다.

"엄마, 공부는 공부고 용돈은 용돈이야. 방학이라 학원에 매일 가는데, 지하철 요금 주 7회 ○○원, 수요일, 금요일은 점심도 내가 사 먹으니 밥값 얼마씩, 다 합치면 필수 금액만도 ○○원이 나와. 게다가 이제 중2가 되었으니 친구들 만나도 떡볶이만 사 먹지는 않아. 내가 생각할 때 이 정도면 괜찮겠다 싶은 지출 항목들을 이렇게 적어 왔는데, ○○원으로 용돈 좀 올려주면 좋겠어. 앞으로 공부도 더 열심히 할게."

소리도 지르지 않았고 목소리도 조용조용했다. 이야기가 끝나자 엄마는 아무 말 없이 계약서에 사인을 하고 있다.

#논리적인 3단계 설득법

1

"저는 혼자 일하는 편이 더 좋아요. 같이 있으면 정신만 더 산만하구요. 필요한 내용은 단톡방으로 알려주시면 되지 않나요?"

닥친 업무가 산더미라 모두 남아서 야근을 해야 할 상황이다. 김대리는 집에 가서 혼자 일하겠다고 버티는 중이다. 어떻게 설득하면 좋을까.

2

설득은 어렵다. 당신 생각이 틀렸다는 말을 들으면 누구라도 욱하기 마련이다. 백번 양보해서 당신 의견이 틀리지는 않았지만, '저 의견이 더 낫지 않느냐'는 말만 들어도 역시 기분은 나쁘다. '설득'은 그 자체를 하나의 대형 프로젝트로 생각하고 정교하게 디자인해야 한다. 다음의 논리적인 3단계를 거치면 성공 확률이 꽤 높아진다.

3

1단계, 현실 인식

일단 주어진 상황 속 팩트부터 정확히 파악하자. 팩트는 겉으로 보이는 부분이 전부가 아니다. 심지어 내 눈으로 직접 본 사실조차 섣불리 진실이라고 확신할 수 없다. 어디까지를 현실로 바라보느냐에 따라 설득 포인트는 전혀 달라진다. 김 대리는 팀장 지시를 어기려 하고, 단체행동에서 혼자만 예외로 인정받기를 원하고 있으며, 한시가 급한 업무의 중요성을 잘 모르고 있다. 논지가 흐려지지 않게, 사무실에서 같이 야근하도록 설득하는 내용에만 포인트를 맞추기로 한다.

4

2단계, 관점

여러 팩트 중 주로 설득하고 싶은 내용을 선택했다면 이제 어떤 관점으로 바라볼지 방향을 정해야 한다. 설득도 여러 가지 방법이 있다. 강압적으로 지시하는 방식, 이유를 충분히 설명하며 납득시키는 방식, 적당한 선에서 타협하고 거래하는 방식 등이 가능하다. 김 대리는 평소 성실하게 근무하는 타입이므로 의사를 존중하여 설명하는 방식을 취하기로 한다.

5

3단계, 전달

가장 중요한 단계다. 내가 선택한 팩트에 대한 나의 관점을 정했다면 어떤 식으로 소통하면 좋을지 전달 방법을 고민해야 한다. 같은 내용이라도 표현에 따라 '아' 다르고 '어' 다른 법이다. 질책하기로 마음먹었다 해도 전체 회의를 소집해 쩌렁쩌렁 고함을 치거나, 규칙에 따라 페널티를 부과하거나, 따로 불러내어 잘못을 조목조목 이야기할 수도 있다. 말할 내용과 상대방의 캐릭터에 따라 알맞은 방식을 정하자. 김 대리가 남 눈치를 많이 보는 편이니 다른 직원들 시선을 피해 탕비실에서 조용히 대화하면 좋겠다.

6

"김 대리 생각은 잘 알겠어요. 집에서 근무하면 더 편하고 좋겠지만 지금 상황이 촉박해요. 저녁도 대충 시켜 먹은 뒤 열심히 일해야 할 상황이고, 다 같이 실시간으로 의견 주고받으면서 처리해야 할 일이 많아요. 다음에 좀 느슨한 일로 야근할 때가 생기면 김 대리 의견 참고할 테니, 오늘은 좀 번거롭더라도 같이 야근을 좀 합시다."

설득이 실패하는 가장 큰 이유는 나 혼자 내 할 말만 마구 쏟아내기 때문이다. 설득도 결국 소통이다. 나와 상대방이 서로 생각과 마음을 주고받는 과정이다. 그 어떤 말을 하더라도 결국 설득이 성공하려면, 상대방이 듣고 OK를 해야 한다. 징계를 주더라도 상대가 이해하고 반성하며 수긍을 해야만 재발 방지 효과가 있다.

말 꺼내기 전 점검해야 할 체크리스트 5가지

말로 하는 소통이 글보다 더 어렵다는 사람이 많다. 무슨 말부터 꺼내야 할지, 첫마디부터 벽에 부딪치는 경우도 흔하다. 대화를 이끌어가는 기술과 별개로, 말 그 자체의 특성에 대해 먼저 체크해 보면 소통에 훨씬 유리하다.

1

일단 말을 하라

조별 과제 리포트가 나오면 조원끼리 미션을 나눈다. 누구는 자료를 조사하고 누구는 PPT를 만들겠다고 한다. 끝까지 지원자가 나오지 않는 역할이 바로 발표다. 사람들은 남 앞에서 말하는 그 자체를 엄청 부담스러워 한다. 가까운 사람과 이런저런 속내를 나누는 대화도 마찬가지다. 잔머리 굴리는 대신 마음을 열고 할 말을 툭툭 던지면 되는데, 이 말을 들으면 나를 어떻게 생각할지 고민에 고민만 거듭한다. 결국 아무 말도 꺼내지 못하고 뒤돌아서서 후회만 한다. 죽이 되든 밥이 되든 일단은 말을 던져야 대화가 시작된다.

2

평서문으로 말하라

'말'이라는 단어를 들을 때 당신 머릿속에 딱 떠오르는 연관 검색어는 무엇인가. 혹시 '말싸움'은 아닌가. 의외로 말 그 자체를 사람 사이에 벌어지는 전쟁으로 생각하는 사람이 많다. 가볍게 내 생각을 전해도 충분한데, 꼭 공격적인 말투를 쓰며 상대를 윽박지른다. 오늘따라 찌개가 매우면 그냥 맵다고 말하라. "나한테 불만 있으면 말로 해. 괜히 김치찌개를 이 모냥으로 맵게 끓이지 말고." 분명 내가 미워서 일부러 고춧가루 팍팍 뿌렸을 거라고 혼자 심술 내면 너무 유치하다.

3

기분 나쁘지 않게 말하라

말이 제 기능을 발휘하려면 일단 상대방 귀를 통과해서 머리와 가슴으로 스며들어야 한다. 상대에게 들리지도 느껴지지도 않으면, 제 아무리 좋은 내용을 말한들 아무 소용이 없다. 내 말이 상대의 과속 방지턱을 넘지 못하고 주저앉는 이유는, 상대방이 듣는 순간 벌써 기분이 나빠져서 그렇다. 사람에 따라 유난히 민감해하는 단어가 있고 말하기 싫은 주제가 있다. 누군가는 옳은 말을 해도 기분 나쁘게 들리고, 다른 누군가는 정말 기분 나쁠 만한 위험한 말을 마구 던져도 이쁘게만 들린다.

4

팩트만 구체적으로 말하라

"요즘 너무 대충 일하는데, 업무처리에 좀 집중하면 좋겠어요."

말은 선거 구호가 아니다. 임팩트 있게 상징적인 말로 짧고 굵게 줄이면 오히려 부작용만 심하다. 분명 메시지는 구체적인 사건 한두 가지였는데, 추상적인 단어로 2차 가공을 하면 어느새 인신공격이 되어 버린다. 자연스럽게 내 마음대로 색깔을 입히거나 나의 판단을 가미한 말을 내뱉는다. 보고서에 유난히 오타가 많아졌으면 그대로 오타 수정에 신경 쓰라고 말하면 된다. 요 며칠 오타를 많이 놓쳤다고 해서 섣불리 '대충 일하는 사람' 취급하면 곤란하다.

5

생각부터 정리하라

말 잘하는 사람의 노하우는 입안 혓바닥에 있지 않다. 말은 입이 아닌 머리와 가슴으로 한다. 전하고 싶은 메시지를 잘 정리한 뒤, 공유하고 싶은 감정까지 말로 잘 표현하면 된다. 말하는 기술은 그리 문제가 되지 않는다. 감정적으로 욱하여 일단 입은 열었는데, 머릿속이 텅 비어 있고 가슴속이 공허하다면 어떻게 될까. 말인지 막걸리인지 알 수 없는 아무 말 대잔치만 남는다. 말하기 전 단 3초라도 차분하게 나 홀로 정돈하는 습관을 가져보자. 마인드맵을 그리며 연습하면 더 좋다.

2부 말길 이해하기

호의는 호의일 뿐
오해하지 말자

1

“별로 친하지도 않은 사람인데, 내가 몸 아프다니까 갑자기 건강 보조식품을 사서 보냈네. 아직 아무거나 함부로 먹으면 안 되는 시기인데, 도대체 생각이 있는 거야 없는 거야.”

그 사람은 의료인이 아니다. 지금 당신에게 무슨 처치가 필요한지 정확히 알 길이 없다. 그저 멀리서나마 당신을 걱정하는 마음에, 이런 선물이라도 보내 마음을 표현하고 싶었을 뿐이다. 당신이 잘못되라고 악행을 저질렀을 리는 없으니 호의는 호의로만 받아들이자.

2

호의도 해석을 잘해야 한다. 1단계로 호의의 강도부터 따져본다. 결혼식 축의금을 정산하다 보면 대부분은 사람 이름과 금액 숫자가 자연스럽게 넘어간다. 그러다 가끔 신경 쓰이는 상황이 벌어진다. “내가 그 사람 결혼식에 축의금을 얼마나 많이 냈는데 겨우 이만큼?" 그 사람과 나의 관계를 역사적으로 고증하지 않아도 서로가 연결된 인연의 강도는 이미 잘 알고 있다. 구체적인 이벤트가 얽혀 있는지 살핀 후, 친분에 크게 어긋나지 않는 수준으로 호의를 베풀면 제일 무난하다.

3

"옆 부서 이 대리는 오며 가며 복도에서 인사한 기억밖에 없는데 축의금을 이렇게나 많이?"

반대의 경우도 문제다. 내가 느끼는 거리감은 1km인데, 마치 1m 옆에 서 있던 것처럼 행동하는 사람이 있다. 분명 어디선가 착오가 생겼다. 저쪽에서 관계를 너무 확대해석했거나, 이쪽에서 무심했을 가능성이 있다. 큰돈 생겼다고 입꼬리가 올라가며 웃어넘길 일이 아니다. 지금이라도 교통정리를 제대로 하지 않으면 나중에 후폭풍을 제대로 맞는다.

4

2단계로 호의의 종류를 살핀다. 악감정 쌓인 원수지간이 아니라면 호의를 빙자해 나를 괴롭히려고 했을 리는 없다. 내게는 다소 뜬금없어 보이지만, 상대는 어떻게든 나에게 도움을 주려는 마음이었을 수 있다. 그 마음만 감사히 받으면 된다. 품목이 마음에 안 든다고 짜증을 내거나, 상대 인격을 모욕하면 안 된다. 책을 좋아하는 사람은 자신이 책에서 얻는 기쁨을 함께 나누려고 책 선물을 선택하기 쉽다. 나는 책과 친하게 지내지 않으니 쓸데없는 물건이라며 투덜거리면, 상대는 자신의 호의가 무시당했다고 느낀다. 감사인사는 고사하고 서운한 마음을 전했으니 이제 둘 사이는 남보다 못한 관계가 된다.

5

호의는 받는 입장 못지않게 베푸는 입장에서도 조심해야 한다. 상대를 위하는 마음에서 한 행동이라고 무조건 머리 쓰담쓰담 칭찬만 기대하면 안 된다. 상대방 의사는 고려하지도 않은 채 내 생각에만 빠져 있으면, 무조건 상대에게 감사를 강요하는 꼴이 된다. 기껏 시간 쓰고 돈 쓰고 좋은 소리 못 듣는다. 내가 베풀려는 이 호의의 강도와 종류가, 상대에게 부담스럽지는 않을까 다시 한번 따져보자. 자신 없으면 직접 대놓고 물어보는 편이 제일 좋다. '큰 수술했다고 들었는데 위로할 겸 과일 한 박스를 보내고 싶다'며 먼저 톡을 날리자. '마음은 너무 고맙지만 우리 집에 그 많은 양을 먹을 사람이 없으니, 그냥 커피쿠폰으로 보내 달라'고 하면 원하는 대로 해 주자. 참 쉽다.

무슨 말이든 빼딱하게 듣는 사람

1

“내가 똑똑히 기억해. 지난번에 분명히 나더러 게으름뱅이라고 했잖아!!”

귀신이 곡할 노릇이다. 게으름은커녕 ‘게’라는 글자도 말한 적 없는데, 저렇게 불같이 화를 내고 있으니 어쩔 줄 모르겠다. 내 기억이 틀렸나 싶기도 하지만 평소 ‘게으름뱅이’라는 단어 자체를 입에 올리지 않는 편이라 그럴 가능성도 희박하다. 도대체 어찌 된 일일까?

2

사람들은 귀로 들리는 소리와 상관없이, 머릿속으로 울리는 뉘앙스대로 재해석하며 듣는다. 우리의 뇌 자체가 그렇게 선입견과 편견에 취약하다.

“그 부품은 손바닥만 한 크기에, 빨갛고 동그란 모양으로…”

"아, 사과처럼 생겼나 보군요."

"아뇨, 동그랗게 가운데가 비어 있는 도너츠 모양이에요."

3

그나마 이 정도는 양반이다. 귀가 한 번 삐딱선을 타기 시작하면, 전혀 엉뚱하게 받아들이기도 한다. 악마의 편집이 따로 없다. '아' 다르고 '어' 다른 표현 중에 유독 안 좋은 쪽으로만 받아들이며 상대가 일부러 나를 공격한다고 생각한다.

"10분만 일찍 일어났으면 그 버스를 탈 수 있었을 텐데 참 아쉽다."

"그래, 나 게으르다, 어쩔래?"

4

사람마다 머릿속에 지우개 한두 개쯤 가지고 산다. 며칠 되지도 않았는데 들은 말 까맣게 잊어버리거나, 내 입으로 뱉은 말조차 전혀 기억하지 못한다. 기억력은 메모나 녹음으로 보완할 수 있으니 그나마 다행이다. 듣는 족족 왜곡해서 들으며 마음대로 변형시키는 사람은 답이 없다. 객관적인 증거로 사실을 증명해도 잘 수긍하지 않는다. 이미 감정적으로 흥분하고 화까지 낸 상태이니 무슨 말을 해도 비겁한 변명처럼 들린다.

5

놀이공원에 가면 마술 거울이 있다. 각도에 따라 사람을 홀쭉하게 또는 롱다리로 바꾸어 준다. 이름은 분명 거울이지만 비치는 장면은 언제나 사실과 다르다. 꼬아서 듣는 사람은 마음속에 마술 거울을 가지고 있다. 무슨 말을 들어도 요리조리 비틀어 받아들이니 투명하게 소통하기가 정말 어렵다. 그 사람은 그 사람대로 억울하다. 그저 들리는 대로 들었을 뿐이다. 제대로 들은 말을 일부러 삐딱하게 말하며 상대를 괴롭히려고 작정한 적은 없다. 주위 사람들이 성격 이상하다고 흉보지만 본인은 하늘을 우러러 한 점 잘못한 일이 없다. 만일 당신이 남들과 소통 문제로 미묘하게 자주 부딪친다면 본인 마음부터 다시 돌아보자. 귀가 아닌 마음부터 바로잡아야 인간관계의 듣기평가 점수가 올라간다.

양말 한 짝이 정말 이혼 사유였을까

1

"아니, 양말 벗어서 세탁기에 안 넣었다고 이혼하겠다는데, 이게 말이 됩니까?"

이혼 사유를 들어보면 대부분 어이없다. 양말 한 짝 또는 비올 때 우산 혼자 쓰기 같은 종류다. 제3자가 들으면 저런 하찮은 일도 못 참고 욱해서 이혼하면 어떡하나 싶다. 실은 그 사건 하나가 전부는 아니다. 마지막 75,689번째 사건이었을 뿐이다.

2

신혼 초부터 온갖 억울한 일이 많았다. 시어머니가 냉장고 수시로 열어젖히며 칠칠치 못하다고 하셔도 아무 말 없이 견뎠고, 명절에 시누이들 손 하나 까딱 안 해도 전부 참았다. 나 혼자 입 다물고 인내하면 우리 집 평화가 찾아올 줄 알고 지난 30년 속을 태우며 살았다. 어느새 갱년기가 찾아와 몸까지 안 좋아졌는데 남편은 내 건강에는 관심도 없고 다음 주 제사 준비가 차질 없는지만 체크하고 앉았다. 머리끝까지 열받아 있는데, 오늘따라 이 인간이 양말을 벗어 소파 틈새에 구겨 넣고 있다. 99도에서 아슬아슬 버티다 마지막 1도가 채워지고 말았다.

"우리 이혼합시다."

3

묵묵히 침묵하던 사람이 어느 날 갑자기 버럭하면 주위 사람들 모두 놀란다. 그동안 남들이 뭐라 해도 시시비비 가리지 않고 가만히 받아 주었더니 정말 내가 가마니인 줄 아는 모양이다. 내 입으로 말하지 않았다고 해서 정말 한평생 짜장면을 싫어한 줄 알았다니 기가 찰 노릇이다. 지금까지 그렇게 살아온 세월이 원망스럽고 가슴이 미어진다. 다 내가 자초한 일이니 누구 원망할 사람도 없다. 더 늦기 전에 내 권리를 되찾기로 마음먹는다.

4

그 유명한 제1차 세계대전도 마찬가지다. 국왕도 아닌 오스트리아 황태자 한 명이 암살되었다고, 그 엄청난 전쟁이 터졌겠는가. 암살은 그 이전에 벌어진 수많은 사건·사고의 연장선상에서 마지막으로 그어진 성냥불 하나였을 뿐이다. 일단 전쟁이 시작되자 교묘하게 얽힌 이해관계에 따라 러시아, 영국, 프랑스, 독일이 차례차례 합세

하며 숨겨 왔던 욕망들이 일시에 터져 나왔다. 마지막 1도가 이렇게나 무섭다.

5

"그래, 앞으로 양말 벗을 때마다 세탁기에 꼬박꼬박 집어넣을게. 이제 됐어? 정말 사람이 쪼잔하게 말이야."

아직도 정신을 못 차렸다. 번지수가 완전히 틀렸다. 마지막 1도에만 집착하느라, 그 아래 켜켜이 쌓인 '75,689 빼기 1개'의 사건들을 보지 못 한다. 싹싹 빌며 반성해도 모자랄 판에, 심지어 상대방을 향한 인신공격까지 퍼붓고 있다. 돌아올 수 없는 강을 건넜다.

6

어느 순간 다른 사람과의 갈등이 예기치 않게 심각해질 때, 눈앞의 직접적인 이유 하나에만 너무 집착하면 안 된다. 그 한 가지 이유만 잘 수습하면 금방 원상복구 되겠지 믿으면 큰코다친다. 어머니가 편찮으셔서 퇴사하겠다는 김 대리 말을 곧이곧대로 듣는 이 팀장은 앞으로도 좋은 리더가 되기 어렵다.

과연 그는 나를 괴롭힐 마음이었을까

1

누군가의 말에 상처 입으면 우리는 그 사람을 원망하고 미워한다. 그런데 잠시 생각해 보자. 그는 진정 악의적인 사람이었을까. 정말 나를 힘들게 하려고 그런 고약한 말을 내뱉었을까.

2

작용이 있으면 반작용으로 이어지기 마련이다. 돌을 던지면 잔잔한 호수에 둥글게 둥글게 파문이 생긴다. 돌이 원인이고 파문은 결과다. 가끔은 아무 생각 없는 행동 하나가, 전혀 예상치 못한 연쇄반응을 일으키기도 한다. 나비 한 마리가 날갯짓했다고 해서, 엄청난 태풍으로 이어질 줄 누가 짐작이나 했겠는가.

3

내가 재수를 하고도 우여곡절을 더 겪은 뒤, 생각지도 않던 한의대에 합격했을 때 일이다. 합격자 발표가 나고 한 친구를 길에서 마주쳤다. 이전부터 한의사가 꼭 되고 싶어 했던 그 친구는 한의대에 떨어지고 다른 명문대에 붙었다고 했다. 진심으로 축하해 주었지만 그는 혼자 흥분하기 시작했다. "어휴, 내가 한의대에 왜 그렇게 목을 매었는지. 한의사 전망도 별로고, 한의대 입시 결과도 생각보다 안 높던데. 어휴, 종이호랑이!" 당연히 상처받았다. 괜히 그 친구가 미워졌다.

4

시간이 흐르고 나중에 찬찬히 돌아보니 그 사건이 꼭 그렇게 생각할 일은 아니었다는 생각이 들었다. 그 친구가 그 말을 할 때는 내가 한의대에 원서를 썼는지 합격했는지 자세히 알지 못한 상태였다. 지금 당장 본인의 합격 소식에 기뻐하며 본인의 과거를 부정하는 나름의 자기합리화 멘트를 날렸을 뿐이다. 나를 괴롭히려는 의도가 아니었는데도 나 스스로 상처를 만들어 냈다.

5

사람은 누구나 핸디캡이 있고 마음속 깊이 상처도 많다. 수많은 사람들이 뒤엉켜 지내다 보면, 한 사람 한 사람 속사정을 다 알기 힘들다. 뜻하지 않게 내가 남의 상처를 건드리기도 하고, 우연히 남이 내 상처를 찌르기도 한다. 물론 아프다. 아물지 않은 상처이니 당연히 고통스럽다. 하지만 나도 상대방도 서로 몰라서 저지른 우발적 사고다.

6

그 와중에 가끔은 개인차 상관없이 조심해야 할 말까지 철딱서니 없이 마구 던지는 사람들이 있다. 대화 상대가 괜찮아 보인다고 몸이 불편한 사람을 폄하했다가, 그 사람 가족 중 그런 분이 계시면 어쩌려고 그러는가. 신체적인 결함, 가정사의 아픔 등은 누구든 상관없이 함부로 입에 올리고 평가할 만한 주제가 아니다. 만약 누군가 당신 앞에서 그런 예의 없는 말을 꺼내더라도 너무 상처받을 필요는 없다. 일부러 당신 들으라고 그런 막말을 하는 경우는 드물다. 그저 원래 그렇게 생겨 먹은 사람이다. 나 혼자 너무 아파하지 말고 그냥 훌훌 털어내면 좋겠다. 그렇게 점점 무덤덤해지면 어느새 내 상처에도 새살이 돋는다.

나와 생각이 다른 사람은 머리가 나쁜 걸까

1

"저는 제육볶음! 저는 비빔밥! 저는 된장찌개! 저는 김치찌개…"

"메뉴는 통일해야 빨리 나와. 이집은 순두부가 맛있어, 여기 순두부 5개요."

도대체 왜 이러는 걸까. 남이야 떡볶이를 먹든 만두를 먹든 왜 참견하고 싶을까.

2

"통일하면 시간을 단축할 수 있으니, 합리적인 의사결정 아닌가요?"

언뜻 일리 있는 말처럼 들린다. 문제는 남들이 그 생각에 동의하지 않는 데 있다. 10분 기다려도 좋으니 먹고 싶은 김치찌개를 먹겠다는데, 왜 남의 뜻은 묻지도 않고 무시하는가.

꼭 통일을 원하면 공정한 후보출마를 거쳐 투표로 1위를 정하자고 제안해 볼 수는 있겠다. 그나마도 나머지 사람들이 동의를 해야 OK다. 희한하게도 팀장님이 통일을 제안하면 꼭 본인이 제안한 메뉴가 부전승 1위로 매번 우승을 차지하니 문제다.

3

이런 행동을 하는 심리는 매우 간단하다. 내 의견은 대단히 합리적이며 논리적이라고 생각한다. 피 같은 점심시간 10분을 아낄 수만 있다면, 메뉴선택의 자유 정도는 기꺼이 포기해야 한다고 여긴다. 매일 먹는 점심이니, 아무 음식이나 빨리 먹고 배만 채우면 그만이라는 주의다.

살짝 불만스러운 분위기를 감지하면 2차 행동에 들어간다. 내가 이런 결정을 하기까지의 합리적인 사고과정을 주욱 설명하기 시작한다. 아, 말하면서도 가슴이 뭉클해진다. 기립박수라도 치면 어떡하나 눈치를 살펴야 할 지경이다.

4

'이런 말을 듣고도 수긍을 못한다고? 이해력이 떨어지나?'

정답을 알려주고 해설까지 해주었건만 아직도 내 의견에 동의하지 않으면 이제는 상대방의 자질을 의심하기 시작한다. 머리가 나쁘거나 지적능력이 부족하다는 식으로 사람을 깎아내린다.

한마디로 세상에 나와 의견이 다른 사람은 딱 2종류 밖에 없다. 첫 번째, 내가 아는 지식을 아직 몰라서 그런 어리석은 생각을 하는 사람. 두 번째, 몰랐던 지식을 다 알고도 판단력 자체가 따라주지 않는 머리 나쁜 사람.

5

많이 공부하고 명석한 사람일수록 이 같은 지식의 저주에 빠질 확률이 높다. 물론 그 사람의 판단이 가장 합리적이고 정답에 가까울 수도 있다. 단, 잊지 말아야 할 포인트가 있다. 세상 사람들이 모두 정답대로만 살아야 할 이유는 없다. 정답이 아닌 방식으로 산다고 해서 경찰서에 끌려가지도 않는다.

한발 더 나아가 그 사람 입장에서는 나의 솔루션이 정답이 아닐 수도 있다. 사람마다 자기 행동에 대한 선택권이 있다는 사실을 기억하자. 서로 공유해야 할 부분에 대해서는 당연히 소통을 하며 설득과 합의를 해야 한다. 남에게 피해를 주지 않는 자신만의 영역에 대해서는 어떻게 행동하든 말든 신경 쓰지 않아야 한다. 때로는 쿨하게 아무 상관없다고 여기는 무관심도 필요하다.

#타인은 양자역학을 대할 때처럼

1

과학에 특별한 관심이 없는 사람도 '양자역학'이라는 말은 한 번쯤 들어본 적이 있다. 과학 시간에 배운 'F=ma'처럼 간단한 공식만 알면 대충 이해할 수 있겠지 기대한 사람은, 과학자의 몇 마디 설명에 금방 뜨악한다. 대체 슈뢰딩거의 고양이가 살아 있다는 말인지 죽었다는 말인지, 살았다가 죽었다가 하는 변신 괴물이라는 말인지 도통 모르겠다.

2

"음, 양자역학 설명이 이해가 안 가고 어려우세요? 그런데요, 곰곰이 생각해 봅시다. 우리가 양자역학 말고 나머지 다른 사실들은 과연 제대로 이해하고 있나요? 우리 주위 수많은 일상 속 원리들을 살펴보면 저만 해도 잘 모르는 내용이 수두룩 하던데요."

양자역학에 대한 물리학자 김상욱 님의 개요 설명이 아주 명쾌하다. 그렇다. 우리는 스마트폰을 손에서 내려놓으면 인공호흡기를 떼어내는 듯한 고통을 느끼지만 정작 어떤 원리로 돌아가는지 전혀 알지 못한다. 그저 몇 가지 작동법을 익혀, 그 기계를 편리하게 사용만 하고 있다. 원리를 이해하고 연구하는 과정은 스마트폰 전문가들의 몫으로 넘긴다.

3

지적으로 눈이 뜨인 인간에게 '이해한다'는 사실은 매우 중요하다. 불과 얼마 전까지 자연현상에 대해 무지와 공포로 끌려다녔지만, 과학적으로 납득하기 시작하면서 우리는 한 단계 도약했다. 그 전에는 하늘에서 우르르쾅쾅 천둥이 치기라도 하면 하늘이 노했다고 여겼으며, 누군가 벼락에 맞으면 그 사람을 잘 알지도 못하면서 천벌을 받았다고 대뜸 비난했다.

4

이해한다는 행동은 어떤 과정을 거칠까. 아인슈타인이 양자역학에 대해 비판할 때, 신진과학자들은 어떤 말로 풀어서 설명해도 그가 절대 이해할 수 없다고 말했다. '이해'란 이미 알고 있는 사실을 기준으로, 눈앞의 새로운 정보를 해석하고 알아가는 일이다. 듣도 보도 못한 새로운 일이 벌어지면, 그 일은 그저 눈앞에 펼쳐진 하나의 엉뚱한 사건에 지나지 않는다. 엇비슷하게 갖다 붙여 설명할 방법 자체가 없다. 달달 외우는 수밖에 없다.

5

인간관계에도 같은 원리가 통한다. 같은 사무실에서 6개월을 같이 일했지만 우리 팀장님 행동은 절대 이해가 안 간다. 어떻게 이런 상황에 저런 황당한 말씀을 하실 수 있는지 모르겠다. 고민할 필요 없다. 그저 '양자역학'이라고 생각하자. 나 아닌 다른 모든 사람은 그저 양자역학이다. 내가 옳다고 믿었던 사실이나 나에게 익숙한 사고방식으로는, 나 아닌 다른 사람을 설명하고 이해할 수 없다. 그냥 외워야 할 존재로 받아들이자.

6

대신 사용법만 잘 알면 된다. 스마트폰 원리를 몰라도 매일매일 잘 사용하듯, 작동법만 알면 인간관계도 아무 문제없이 잘 굴러간다.

"팀장님은 모닝커피 드시고 나면 기분 좋아지시니까, 그때 결재 받으러 가야 돼."

"약속 어기는 일은 팀장님에게 범죄 행위니까, 기한은 무조건 지켜야 돼."

7

팀장님만 세상 특이한 사이코패스가 아니다. 바로 당신도 팀장님에게는 별종으로 보인다. 당신은 자기 자신을 지극히 상식적이며 무난한 사람이라고 생각하겠지만, 당신 주위에서 '맞아, 맞아' 하는 사람들도 당신을 제대로 이해하지 못한다. 그저 당신 지위 또는 당신과의 관계 때문에 물개박수를 치는 척하고 있다. 오랜 시간에 걸쳐 당신의 사용법을 잘 알게 되었으니 그 매뉴얼대로만 행동하는 중이다. 그렇게 서로 조심하고 배려해야 한다. 최대한 나를 이해시키려 노력하고, 나 역시 남을 이해하려고 노력해야 한다. 간혹 남을 알려고 하지도 않고, 나를 알리고 싶어 하지도 않는 사람이 있다. 그는 광활한 우주를 외롭게 떠도는 혜성처럼 그렇게 외로이 혼자 살아야만 한다.

서로 힘들면 티격태격 대신 토닥토닥으로

1

아내는 지쳤다. 워킹맘은 하루 종일 회사에서 시달리느라, 전업주부는 아이들에 집안일까지 챙기느라 너무 힘들다. 남편도 마찬가지다. 업무 이후 상사 술자리까지 챙기고 나면 완전 녹초가 된다. 두 사람이 저녁에 만나면 대충돌이 시작된다. 무슨 거창한 정치 이슈나 경제 문제에 대한 의견 차이 때문이 아니다.

"치약 뒤부터 제대로 좀 눌러서 짜라니까!!"

2

치약 허리를 대충 쥐어짜든, 발뒤꿈치부터 꾹꾹 누르든 사실 별 상관없다. 마지막에 깨끗이 짜서 낭비 없이 쓰기만 하면 된다. 두 사람은 과연 치약이 회사 일이나 육아보다 중요하다고 생각해서, 피곤한 와중에 신경전까지 벌이고 있겠는가. 둘 다 하루 종일 힘들게 보내며 너무 지쳐서 누구라도 내 수고를 좀 알아봐 주었으면 하는 마음이다. 상대방을 향한 고함은 결국 자신을 향한 서글픈 곡소리다.

3

효리와 이상순 부부의 제주도 생활을 TV로 보고 부러워하는 사람이 많았다. 톡톡 튀는 효리의 성격을 이상순이 여유 있게 감싸안는 모습을 보며 많은 여성들은 감탄사를 연발했다. 예능 프로그램에 나온 효리가 한마디 한다.

"제 남편은 돈벌이를 제대로 안 하잖아요. 제가 돈이 많으니까요. 그냥 쉬엄쉬엄 기타 튕기다가 저녁에 시내 나가서 디제잉하는 일이 전부예요. 그렇게 안 힘드니까 멋진 말이 나오는 거죠. 하루 종일 힘들고 지치면 어떻게 좋은 말이 나오겠어요. 여러분이 부러워하실 필요가 없어요."

4

부모 잘 만나 생활 자체에 대한 로딩이 없는 사람은 엄청난 행운아다. 대부분의 사람들은 결혼하여 아이 낳고 일하며 살아가는 그 자체만으로도 충분히 힘들다. 정서적으로는 안정과 행복을 느끼더라도, 누구나 체력과 감정에 한계는 있다. 과한 욕심으로 억척같이 살지 않아도 그렇다. 누가 돈을 더 많이 벌어 왔는지, 누가 힘쓰는 노동을 더 오래 했는지 티격태격해 봐야 소용없다. 어차피 두 사람 다 오늘 하루 자기 역량보다 훨씬 수고했다. 토닥토닥이다.

5

그래도 상대방이 나보다 편해 보이고, 나만 손해 보는 기분이라면 마지막 해결책은 한 가지다. 서로 역할을 바꾸면 된다. 나라면 그만큼 돈도 벌어오고 퇴근한 뒤 청소까지 잘할 수 있을 텐데 싶은가. 남편에게 막연하게 기대하지 말고 본인이 그 역할을 맡으면 된다. 아내가 하루 종일 집에서 뒹굴면서 음식도 제대로 못하고 집안 정리까지 엉망이라고 생각하는가. 애꿎은 아내만 들들 볶지 말고 본인이 직접 아이 돌보고 요리하며 청소·빨래 다하면 된다. 정말 그럴 수 있겠는가.

6

두 사람이 지금의 그런 역할 분담을 하게 된 것은, 각 가정마다 독특한 이유가 있었다. 남의 눈으로 옳다 그르다 말할 성격은 아니다. 머리로는 이 상황을 너무도 잘 알고 있지만, 살다 보면 너무 힘들어 꽥 소리 지르거나 위로받고 싶을 때가 있을 뿐이다. 서로 각자의 자리에서 최선을 다하고 상대방을 믿으며, 감사한 마음으로 이겨내야 한다. 미우니 고우니 해도 세상에는 결국 둘밖에 없다.

내 말이 맞고 틀리고는 상대방이 결정한다

1

“나는 분명히, 분명…히 말했어요. 마트 가서 계란 한 판 하고 국 끓일 때 넣을 간장 한 통 사오라구요. 그런데 떡하니 진간장을 사온 거예요.”

“아니…. 나는 간장이 그렇게 종류가 많은지 몰라서….”

“그럼 전화해서 물어봤어야지. 그리고 국 끓일 때 국간장은 국민 상식 아닌가?”

“이것 봐, 말만 꺼내도 이렇게 버럭 하는데 어떻게 감히 물어봐.”

2

“처음부터 자세히 알려주었으면 되잖아요. 간장에는 진간장 양조간장 국간장이 있는데, 그중 국간장을 사오라고 했으면 딱 알아들었을 텐데요.”

남편은 분통이 터진다. 모르는 사람은 무엇을 모르는지도 잘 모른다. 질문할 포인트를 알면 이미 다 아는 사람이다. 부엌일에 대해 잘 알지도 못하는데, 상식 운운하니 억울하기만 하다. 모르는 게 죄인가.

3

초심자에게 알려줄 때, 유독 알기 쉽게 설명을 잘하는 사람이 있다. 똑같은 이야기를 들어도 팀장님 말은 도무지 갈피를 잡을 수 없지만 장 대리가 풀어서 설명해 주면 귀에 쏙쏙 들어온다. 비결은 간단하다. 장대리가 내 눈높이에 맞춰 알아들을 만한 용어와 문장으로 자동 변환해 주기 때문이다. 낯선 내용을 들을 때는 새로운 용어 하나만 튀어나와도 순간적으로 머리가 하얗게 된다. 외국인이 아무리 천천히 영어로 말해도, 중간에 모르는 단어가 섞이면 그 이후로는 아무 소리도 안 들린다.

4

그렇다고 아내 말의 내용이 틀리지는 않았다. 나름 일목요연하고 논리적이며 정확한 문장으로 전달했다. 다만 본인과 같은 레벨의 인사이트가 있는 사람만 알아들을 수 있으니 문제다. 본인이 아무리 친절하고 자세하게 풀어서 말했다 해도 상대방이 잘 알아듣지 못하면 말한 사람 책임이다. 명강의로 소문난 교수라도 시험 답안지가 백지투성이라면 학생들 문제라고 할 수는 없다. 제대로 말했는지 아닌지는 말한 사람 내용을 녹취해서 검증할 성격이 아니다. 듣는 사람이 의도를 잘 접수했으면 100점, 못 알아들었으면 0점이다. 아주 간단하다. "김 대리는 왜 그렇게 말귀를 못 알아들어요. 내가 같은 말만 벌써 몇 번째 하는 줄 알아요.!" 바로 그 부분이 핵심이다. 상대가 못 알아들은 줄 뻔히 알면서도 같은 멘트만 무한 반복하셨다면 무조건 팀장님 잘못이다.

5

"행동을 하고도 원하는 결과 를 얻지 못했다면, 남 탓하는 대신 자기 자신에게서 원인을 찾아야 한다(行有不得者 皆反求諸己)."

— **맹자**

양궁 선수가 화살을 쏘아 과녁에 맞지 않았다고 바람을 원망하거나, 뒤에서 들린 카메라 찰칵 소리를 핑계 삼으면 안 된다. 바람을 감안하고 소음을 이겨냈다고 생각할 때 활시위를 당겼어야 한다. 명사수는 최대한 신경 써서 활을 쏜 뒤 어디 맞았는지 확인부터 한다. 그리고 나서 처음 의도와 결과를 함께 분석하고, 다음 화살을 쏠 때는 그만큼 비틀어서 일부러 엉뚱한 곳을 향해 오조준을 한다. 먼저 쏜 화살의 결과를 고려하지 않고, 계속 나의 원칙만 고집하면 보나마나 0점이다.

옆 사람의 위력

1

"이 사람 꼭 만나 봐, 정말 괜찮아."

학창 시절 친한 친구의 소개팅 주선은 대부분 아픈 기억으로 남는다. 실망하고 돌아온 뒤 따지려고 찾아가면, "만나봤어? 정말 괜찮지?" 한다. 그 사람과 오랜 시간 지내며 진면목을 체험한 내 친구는 그 사람의 가치를 아니까 나에게 소개까지 했다. 반면 나는 첫 만남 또는 두세 번 만난 뒤에 그 사람과의 인연을 이어갈지 말지 결정을 내려야 한다. 어쩔 수 없이 커트라인이 올라갈 수밖에 없다. 물론 나를 바라보는 상대방 입장도 마찬가지다.

2

재미있는 심리테스트가 있다. 다음의 질문 2가지를 잠시 생각해 보자.

- 당신이 처음 보는 사람을 만날 때, 몇 번이면 상대에 대해 정확하게 파악할 수 있을까요?
- 반대로 상대방은 몇 번이나 만나야, 당신에 대해 정확하게 파악할 수 있을까요?

사람들 결론은 거의 비슷하게 나온다. 나는 다른 사람을 한두 번만 봐도 속속들이 다 간파할 수 있지만 남이 나를 알려면 훨씬 오랜 시간 지켜봐야 한다고 말한다. 정말 이기적인 생각이지만 대부분은 이런 생각으로 다른 사람을 만난다. 당연히 억울한 마음이 든다. '왜 남들은 나에 대해 잘 모르면서 알려고 노력도 하지도 않을까.' 아니다, 그들이 당신에 대해 관심이 없다기보다 척 보고 당신에 대해 다 알았다고 생각할 뿐이다. 당신이 그들에 대해 이미 다 안다고 느끼는 것처럼 말이다.

3

사람의 여러 가지 면을 알려면 단편적인 사실만으로는 불가능하고 오랜 시간에 걸친 다양한 정보가 필요하다. 그럼 자연스럽게 하나의 궁금증이 생긴다. 과연 나에 대해 가장 잘 아는 사람은 누굴까. 바로 일상의 시간을 가장 많이 보낸 가족과 친구들이다. 가끔 만나는 거래처 직원 앞에서는 우아한 척 백조 흉내를 낼 수 있을지 몰라도 가족과 친구 앞에서는 영락없이 벌거벗은 임금님 신세다.

4

“에이, 절대 그럴 리가 없어요. 가족이야말로 세상에서 저를 제일 모르는 사람들이에요.”

가족이 나에 대해 정확히 안다고 느끼는 사람은 거의 없다. 늘 타박하고 잔소리하며 별 볼일 없는 사람 취급만 한다. 내가 남들에게서 얼마나 인정받고 다니는 줄도 모르고 내 주위 가족과 친구는 항상 나를 업신여기기 일쑤다. 한 번쯤 나의 생각을 되돌아보자. 만약 가까운 사람들의 판단이 정답이고, 내가 가진 생각이 착각이라면? 나의 진짜 모습을 제대로 간파한 사람이 가족과 친구뿐이라면? 한 다리 건너 알고 지내는 사람들이 내가 듣기 좋은 말로 아부만 하고 있다면?

5

내 입으로 내가 어떤 사람이라며 동네방네 떠들고 다녀 봐야 아무 소용없다. 남에게 정말 그렇게 보여야 진짜 내 모습이다. 한두 번 보고 선입견으로 판단하려는 사람들 말고, 내 옆에 바짝 붙어서 늘 나를 지켜보는 사람들이야말로 진짜 평가단이다. 평소에 내가 잘 살고 있는지 확인하고 싶은가? 1초 만에 바로 알 수 있다. “거울아, 거울아…”의 백설공주 동화 속 왕비처럼 마법거울에게 물을 필요 없이, 내 주위 사람들의 말만 귀담아 들어도 충분하다.

6

"어휴, 말도 안 돼. 내가 그런 사람이라고?"

듣고 나면 반드시 후회한다. 99.9% 듣기 싫고 말도 안 된다고 생각하겠지만 도리가 없다. 그들의 말은 모두 사실이다. 부부싸움 할 때 배우자가 하는 적나라한 말과 사이 안 좋은 김 대리와 한판 붙을 때 듣는 멘트는 큰소리와 욕설만 빼고 보정하면 나에 대한 리얼 보고서가 된다.

가까이 다가서야 제대로 보인다

1

"당신의 사진이 부족한 이유는, 충분히 다가서지 않았기 때문이다."

유명한 사진작가 로버트 카파의 명언이다. 그는 종군기자로 큰 활약을 했다. 스페인내전, 노르망디상륙작전, 인도차이나 전쟁 같은 굵직굵직한 전쟁의 현장을 발로 뛰며 취재했다. 그의 신조대로 그는 총알이 빗발치는 현장 속에 총 대신 카메라를 들고 참전했다. 몸을 사리며 한발 물러나 관찰하는 입장이 아니었다. 그의 대표 사진은 스페인 내전에서 옆의 병사를 찍은 사진이다. 머리에 총을 맞고 쓰러지는 과정을 사진으로 찍었다. 결국 그는 베트남 전쟁에서 지뢰를 밟고 사망했다.

2

다른 사람과 소통할 때도 이 거리감이 중요하다. 사무실 직원들의 불만을 보고 받는 CEO는 문제의 본질을 정확히 알지 못한다. 현장 직원들 하소연을 주임이 취합해 팀장님에게 보고하면, 팀장의 보고를 들은 상무님이 또다시 전무님에게 보고한다. 전무님 이야기는 부사장을 거친 후에야 사장님에게 전해진다. 현장의 소리는 이미 오염되고 변질되었다. 가족오락관 말 전달 게임처럼, 처음 의도는 완전히 사라진 채 엉뚱한 보고로 바뀌어 버렸다. 간혹 현장의 불평불만이 우리 대표님 최고라는 '용비어천가'로 탈바꿈하기도 한다. 진정성 있게 문제를 해결하고 싶다면, 문제부터 정확히 파악해야 한다. 당사자의 말을 직접 들어볼 정도로 가까이 다가서지 않으면, 꼭 들어야 할 말 대신 누군가 나에게 들려주고 싶어 하는 이야기만 듣는다.

3

가까이 가려면 용기가 필요하다. 저렇게 화난 사람에게 한발 다가섰다가 잘못하면 한 대 맞을 것만 같다. 나의 사회적 지위와 체면이 있지 그런 험한 꼴은 당하기 싫다. 실은 정반대다. 그 사람이 욱하고 화난 이유는 진심어린 책임자를 미워해서가 아니다. 이런 문제를 눈앞에 두고도 팔짱이나 낀 채 태연하게 외면하는 사람들에게 화내는 중이다. 충분히 가까이 다가서면 문제점이 금방 보인다. 중간 단계 거치면서 사건의 발단, 개요, 전개, 해결책까지 PPT 150장 볼 필요도 없다. 단 5분 만의 대화로도 핵심을 금방 알아차릴 수 있다.

4

신입사원 교육은 팀장이 맡아야 하고 회사의 비상사태에는 신입 대신 중역이 출동해야 한다. 안목 있고 결정권 있는 사람이 실무에 가까이 다가설 때 현실적인 대책이 나온다. 말 전달 몇 다리 거치는 중간 과정을 과감히 뛰어넘어야 한다. 당장 윗선 책임자부터 적극적인 태도를 보이자. 리더가 귀찮은 일은 다 넘기고 우아하게 뒤로 빠져서 자리보전할 생각만 하는 순간, 조직은 스르륵 무너져 내린다.

5

가정도 마찬가지다. 아빠가 돈 버느라 하루 종일 고생한 노고는 충분히 이해한다. 퇴근 이후 가정과 학교의 모든 일들은 엄마와 알아서 해결하라며 무관심해지는 순간 아빠의 자리는 더 이상 없다. 자녀가 아빠를 무시해서가 아니라 아빠가 자녀에게 충분히 다가서지 않은 결과다. 자녀가 좋아하는 가수는 누구인지, 즐겨보는 예능 프로그램은 무엇인지, 친한 친구 이름은 무엇인지 현장의 소리에 귀 기울여야 한다. 백 년 만에 온 가족이 모인 식사 자리에서 '시대가 원하는 직업인의 자기관리법'에 대해 일장 연설을 하려고 들면 다들 없던 화병이 생긴다.

소통하려면 마음속 여유부터

1

“아니, 본인이 잘못해 놓고 도리어 큰소리치시네요. 어디 한번 해 봅시다!”

김 대리는 너무 억울하다. 서로 생각이 달라 부딪친 상황이 아니다. 이 대리가 완전 몰상식한 행동을 했다. 약속 시간은 자기가 어겨 놓고, 일이 바쁘면 깜박할 수도 있다며 너무 당당하다. 마음씨 좋은 내가 참아야지 하고 한 번 두 번 물러나 주었더니 갈수록 기고만장이다. 이제 도저히 더 못 참겠다. 선전포고를 날린다.

2

무한정 양보하며 호구가 되면 곤란하지만, 갈등을 해결하려면 어느 정도 내 마음의 여유가 있어야 한다. 방에서 나가는 문은 안쪽으로 열리기 마련인데, 방문 안쪽에 짐을 잔뜩 쌓아 두면 아예 문을 열 수가 없다. 최소한 문이 열릴 공간만은 비워두어야 자유롭게 문을 열고 닫는다. 내 방은 분명 나만의 공간인데, 문 열릴 공간을 비우고 내 마음대로 못 쓰면 너무 억울하다. 그래도 할 수 없다. 문이 열리지 않으면 내가 나갈 수도, 남이 들어올 수도 없다. 내 공간을 포기해야만 한다. 상대가 아무리 무례하고 버릇없이 굴어도 내 마음속에 문을 여닫을 최소한의 여유가 있어야 협상이라도 할 수 있다. 그 작은 여유조차 없으면 상대의 말 자체가 아예 귀에 안 들어온다. 무조건 변명으로만 들린다.

3

만일 나가려고 방문을 열었다가 방으로 들어오시려는 어머니와 마주치면 어떻게 될까. 서로 '내가 먼저'를 외치면 둘 다 그 자리에서 얼음이다. 방 안에 있는 사람부터 밖으로 나가야 방 안에 자리가 생기고 그 빈 공간에 바깥 사람이 들어올 수 있다. 지하철 문이 열릴 때 내리려는 사람을 밀면서 타려는 분이 있다. 안쪽은 이미 만원이니 아무리 밀어도 절대 못 탄다. 혼자 화내고 성질부려 봐야 소용없다. 아무리 마음이 급해도 내릴 사람부터 내린 뒤, 그 여유 공간에 타야 한다. 내 마음속에 이미 증오가 가득하면, 설사 상대가 숙이고 들어오더라도 받아들일 여지가 없다. 과연 상대가 사과를 하지 않은 것인지, 사과를 했지만 나에게 받아들일 여유가 없어 놓친 것인지 잘 생각해 보자. 내 속에 내가 너무도 많으면 당신의 쉴 곳은 없다.

4

어떤 사람은 방문 자체를 아예 열어 놓고 지내기도 한다. 누구든 금방 들어오고 쉽게 나간다. 마음속에 아무 감정을 담아 두지 않은 채 남의 말을 다 받아들이고 본인 말도 그대로 내뱉는다. 소통의 달인처럼 보이지만 남들이 점점 우습게 보기 시작한다. 내 방은 나만의 공간이며 남에게 보이고 싶지 않은 프라이버시도 있어야 한다. 노크하고 방문 여는 정도의 허들은 있어야, 상대도 나에게 최소한의 예의를 갖춘다.

5

중2가 되면 방문 닫기를 지나 방문을 잠그기 시작한다. 강제로 밀고 들어오는 부모님으로부터 내 사생활을 지키기 위한 자기 방어수단이다. 허구한 날 내 방에 들어와 여러 가지 잔소리만 하니, 그냥 방문 잠그고 못 들어오게 하는 편이 낫겠다 싶다. 방문을 잠그면 당장 부모와 충돌 횟수는 줄겠지만 원만한 소통으로 승화시키지는 못한다. 나만의 철옹성을 쌓고 그 안에 숨기만 한다. 문제를 해결하려면 불편하더라도 성문을 열고 수시로 부딪쳐야 한다. 당장은 번거롭고 불편할지 몰라도 치열한 소통의 과정을 거치면 결국 원팀이 될 수 있다.

6

이제 나의 선택이다. 이 대리가 경우에 맞지 않는 행동을 했으니,

나도 똑같이 강하게 나가도 그만이다. 아무도 나에게 뭐라고 할 사람은 없다. 지금의 불통은 무조건 이 대리 책임이다. 다만 이대로 선을 넘으면 관계를 정리할 각오까지 해야 한다. 만일 관계를 유지하겠다는 일말의 미련이 남았다면, 잘난 내가 방문 빼꼼히 열어 주는 성의만 보이자. 조금 더 배려한다면 이 대리도 자기 방문을 열고 바깥으로 나올 수 있게 살살 달래보자. 지금껏 나의 인간관계가 그럭저럭 굴러온 이유는, 내 주변 사람들이 까다로운 나에게 이런 아량을 베푼 덕분이라는 사실을 기억하자. 이제 나도 남에게 되갚을 때가 되었다.

나를 싫어하는 사람에 대한 대처법

1

“김 대리. 내가 무슨 잘못이라도 했어? 왜 볼 때마다 그렇게 쌀쌀맞게 구는 거야?”

크게 싸운 적도 없는데 왜 저러는지 모르겠다. 작정하고 물어도 대답조차 시원하게 안 해 준다. 하루 이틀도 아니고 내 성격상 너무 불편하다. 사과할 일 있으면 사과로 끝내고 싶은데, 해결할 방법도 모르겠다. 어떻게 하면 좋을까.

2

포기하라. 그런 식으로는 해결 안 되는 경우가 대부분이다. ‘이유 없는 반항’은 그야말로 설명할 방법이 없다. 사람들은 누구나 괜히 미워하는 사람이 있다. 본인에게 해를 끼치지도 않았지만 그냥 꼴 보기 싫다. 심리학 연구 결과에 의하면 주위 사람 10명 중 2명은 나를 좋아하고 6명은 나에게 별 관심이 없으며, 나머지 2명은 나를 싫어한다. 좋아하는 사람이나 싫어하는 사람 모두 특별한 이유가 없다. 속칭 '주는 것 없이 괜히' 자기 마음대로 좋아하고 싫어한다.

3

그럼에도 불구하고 K는 주위 사람 모두가 그를 좋아한다. 싫어하는 사람 한 명 없이, 다들 K 주위로만 맴돈다. 딱 둘 중 하나다. 인격이 정말 훌륭하여 만인의 호감을 사고 있거나 또는 만인의 '호구'이거나. 갑자기 호구라니 무슨 말인가. 남의 부탁을 거절하지 못하고 뼈와 살까지 기꺼이 내어주는 사람은 남들이 만만하게 본다. 주위에 구름처럼 몰린 사람들은 팬클럽이 아니라 독수리 떼일 가능성이 많다.

4

남들이 나를 좋아하는지, 싫어하는지 관심이 가기 시작했다면 내면의 힘이 약해졌다는 신호다. 스스로 당당할 때는 남의 시선 따위 무시하고 잘 살았는데 한 번, 두 번 실패 경험이 쌓이면 자꾸 자신감을 잃어 간다. 자존감까지 낮아진다. 물론 지나친 자뻑 스타일도 곤란하다. 10명 중 2명 정도 나를 싫어한다면 평균 수준이니 괜찮지만 9명까지 늘어난다면 내가 진상일 확률이 높다. 세상 어느 집단에나 진상 비율은 고정되어 있으므로, 내가 속한 그룹에 이상한 사람이 안 보인다면 바로 당신이 문제아일 수도 있다.

5

사무실 회식 자리에서 재미 삼아 무기명 인기투표를 한다. 좋아하는 사람과 싫어하는 사람 각각 1표씩 던지기로 했다. 이럴 수가, 비호감 인물로 2표나 나왔다. 평소 남들에게 엄청 잘해 주지는 못했지만 욕먹을 짓은 안 했다고 생각한다. 13명 중 2명이나 나를 미워하고 있었다니 너무 충격적이다. 실망하지 말라. 10명 중 2명이 미워해도 평균값인데 13명 중 2명이면 지극히 양호한 수준이다. 그 2명은 당신의 어떤 행동 때문에 미워한다기보다 자신들 내면의 문제일 가능성이 많다. 부러움과 시기, 질투, 취향의 차이 그런 복합적인 결과로 이해해야 한다. 오히려 미워하는 사람 0명인 결과보다 훨씬 좋다. 그동안 남들에게 호구로 보이지 않고, 주관이 뚜렷한 사람으로 잘 처신했다는 뜻이다. 지금까지처럼 자기 자신을 믿고 소신대로 열심히 살면 된다. 파이팅이다.

나의 믿음은 진정 최선일까

1

“이렇게 당연한 사실까지 일일이 설명하고 설득해야 한다구요? 이 정도는 너무 당연한 상식 아닌가요?”

A, B 사이에 싸움이 붙었다. 심판역할을 해달라며 C를 불러왔지만 C는 너무 황당하다. A와 B 모두 자신의 말이 상식이라고 주장한다. 한쪽이 상식이면 다른 쪽은 몰상식이 되어야 할 텐데 어떻게 둘 다 자신의 말을 상식이라고 주장할 수 있을까.

2

어느 지식 수준까지가 상식이라고 법에 정해 놓은 내용은 없다. 지금 많은 사람들이 아무 의심 없이 옳다고 믿는 사실조차, 시간이 흐른 뒤 어이없는 착각으로 밝혀질 때가 많다. 갈릴레이를 종교재판에서 심판한 재판관들 눈에는, 지구가 우주의 중심이라는 내용을 부정한 갈릴레이가 너무도 한심해 보였다. 이제 지구가 태양 주위를

돈다는 사실은 누구나 안다. 다만 그 태양조차 은하의 중심을 기준으로 크게 돌고 있다는 사실까지 아는 사람은 그리 많지 않다. 그 속도가 무려 시속 200Km가 넘는다.

3

지식이나 사실이 옳다고 인정할 때, '믿음'의 단계를 거쳐야 한다. 사람들은 모두 자신이 옳다고 믿는 바가 있기 마련이다. 그 대상과 강도가 다를 뿐, 어느 정도의 믿음은 누구나 가지고 있다. 대학자인 맹자도 마찬가지다. 맹자와 고자가 인간 본성에 대한 논쟁을 벌일 때, 맹자는 물의 예를 든다. 물을 손으로 치면 어느 한 방향으로 잠시 튀지만 결국은 물의 본성대로 아래쪽을 향해 흘러간다고 말한다. 사람의 본성도 물의 본성처럼 결국 착한 쪽으로 흘러가도록 흐름이 정해져 있다는 논리를 편다.

주장의 내용과 별개로 물의 본성에 대한 맹자의 견해는 적절치 않은 부분이 있다. 물이 아래로 흐르는 성질은 물의 본성이 아니라 그저 중력의 힘에 따르는 현상이다. 그때는 이런 사실을 몰랐으니 물 자체에 그런 속성이 있는 줄 알았을 것이다. 누구나 인정하는 객관적 상식이었다.

4

다툼을 벌이고 있는 A와 B도 각자 그렇게 생각하는 이유가 있다. 서로 생각하는 과정이 전혀 다르다. A는 철저히 근거 위주로 따진다. 정확히 증명된 사실이 아니면 섣불리 옳다고 인정하지 않는다. B는 다수결을 기준으로 한다. 많은 사람들이 그렇게 동의하면 증거가 조금 부족해도 상식으로 여긴다. A가 보기에 B는 어설픈 일반화의 오류를 범하고 있고, B가 보기에 A는 과거의 진리에 빠져 눈앞의 사실을 보지 못한다.

물론 정답은 없다. 서로 다른 것뿐이다. 시간이 흐르면서 A가 믿었던 증명이 깨어질 수도 있고, B가 근거로 삼는 사람들의 판단이 바뀔 수도 있다. 둘의 말이 모두 틀리다고 판명될 가능성도 매우 높다. 이런 와중에 그 누가 감히 내 말이 진실이며 상식이라고 자신 있게 말할 수 있을까.

5

답은 간단하다. 상식을 논하되 맹목적이지만 않으면 된다. '무조건'이라는 단서만 뺄 수 있다면 그 어떤 말을 해도 괜찮다. 다른 사람이 그 말의 모순이나 한계를 말할 때, 쿨하게 '내가 틀렸다'고 인정만 하면 된다. 믿음은 의심을 허락하지 않는다. 잘못이 있을 수 있다는 생각 자체를 허락하지 않으니, 어떤 상황이 벌어지더라도 '무조건' 내 뜻이 옳다고 말한다.

6

내 행동이 나 스스로에게만 영향을 미치는 범위라면 그나마 괜찮다. 어떤 사람이 건강에 도움이 된다는 굳은 믿음으로 하루에 커피

10잔씩 마신다고 해서 형사 처벌할 수는 없다. 나의 믿음이 남에게 영향을 주는 상황이라면, 서로 자신의 믿음 따위는 조금씩 접어야 한다. 세상 모든 일을 믿음으로만 해결할 수는 없다.

하던 대로 말고, 정-반-합

1

"팀장님, 김 대리가 자꾸 이상한 말을 하는데 제 말이 맞죠?"

누군가 내 의견과 다른 말을 하면 일단 불안하다. 동의하지 않으면 맞선다는 뜻이니, 지금 한판 해보자는 뜻으로 해석한다. 다르다고 해서 무턱대고 싸우며 덤비지는 말자. 무조건 이기는 한쪽만 살아남는다는 고정관념부터 버리자. 서로 손잡고 새로운 결론을 내면 가장 훌륭하다.

2

모두 오른손을 들었는데 한 사람만 왼손을 들었다. 다들 맞다고 하는데 한 사람만 아니라고 한다. 통일을 깨뜨리면 괜히 불편하다. 다른 의견이 나와도 그냥 그렇구나 하면 되는데 구태여 그 사람을 타깃으로 삼아 논쟁을 벌인다. 낯선 존재가 출현하면 자연스럽게 비교를 하게 되고, 서로 상대를 극단으로 몰아세우며 O, X 결론을 짓고 싶어 한다. 이런 사고패턴은 동양학에서 말하는 '음양'의 대립관점과 닮았다. 음양이론에서는 여자와 남자를 음과 양으로 말하지만, 상대편 특징과 비교하며 이해하기 편하도록 설명하는 방식으로만 쓴다. 한쪽이 더 우세하거나 옳다는 관점이 아니다. 자칫 흑백논리로 흐르면 곤란하다.

3

세상은 복잡하다. '맞다, 틀리다' 2가지 의견만으로 모든 해법을 찾아낼 수는 없다. 맞다는 의견이나 틀리다는 의견 모두 나름의 논리가 있다. 의견을 종합하여 새로운 대안을 내자는 사고방식이 바로 정반합으로 유명한 헤겔의 변증법이다. 기존의 규칙인 '정'이 있고, 그 규칙에 이의를 제기하는 반대 목소리 '반'이 나오면, 결국 새로운 형태의 규칙인 '합'이 만들어진다. 헤겔이 당시 지도층에게 구박을 받을 만했다. 그에 따르면 당시의 지도층은 항상 반대파의 문제 제기에 의해 새로운 질서로 바뀌어야 할 숙명을 안고 있으니 말이다.

4

단순하게 생각하면 된다. 세상 그 누구도, 그 어떤 조직이나 제도도 완벽할 수 없다는 전제부터 인정하자. 누군가 이의를 제기하면 올 것이 왔다는 마음으로 편하게 받아들이면 된다. 문제가 드러난 부분을 겸허하게 받아들이고 더 완성도 높은 형태로 재탄생시키자. 지키려는 자와 무너뜨리려는 자의 한판 대결로 생각하는 순간 모두 불행해진다.

5

기존 질서인 '정'은 자신의 문제를 겸허하게 받아들이는 열린 마음을 가지자. 감히 나에게 반항한다며 괘씸죄를 적용해 힘으로 탄압하면 안 된다. 이의를 제기하는 '반'은 더 나은 미래를 위한 공정한 태도를 가지자. 전체 이익을 위해 이런 결점을 고치면 좋겠다는 순수한 마음이어야 한다. 기득권을 무너뜨리고 자신에게 유리한 쪽으로 끌고 갈 욕심을 부리면 안 된다. 양쪽 모두 합리적이고 겸허한 마음으로 만날 수 있어야 더 나은 미래가 열린다.

6

"회식은 단합하는 데 의미가 있으니 술자리에 전부 참석시키자는 이 대리 말도 일리가 있고, 술자리는 싫어하는 사람이 많다는 김 대리 말도 일리가 있네요. 그럼 술 없이 모든 사람 참석하는 쪽으로 기획해 보면 어때요? 지금까지는 일방적으로 술자리 통보하고 올 사람만 오라고 하면 괜찮다고 생각했는데, 두 사람 말을 듣고 보니 생각해 볼 여지가 많았네요."

아무 생각 없이 하던 대로만 해서는 발전이 없다. 누군가 새로운 의견을 말할 때, 어떻게 좋은 쪽으로 반영시키면 좋을지 고민하는 자세가 중요하다.

고집부리는 사람의 사고방식

1

"팀장님 고집을 누가 꺾어. 저만큼 확고하게 말씀하시면 무조건 따라야 해."

고집부리는 사람은 말이 안 통한다. 그 누가 무슨 말을 꺼내도 막무가내다. 본인이 옳다고 생각하는 대로 끝까지 밀어붙인다. 도대체 고집부리는 팀장님은 무슨 생각을 하고 계실까.

2

"내 말대로 해서 이 정도라도 된 거야."

같은 결과를 두고 생각이 이렇게 다르다. 팀장님 고집을 진정시키느라 부서원 전체가 설득해서 겨우겨우 이 정도로 계약을 마무리했다. 다들 지적했던 부분을 제대로 고쳤으면, 훨씬 좋은 조건으로 계약할 수 있었는데 너무 아쉽다. 그래도 이번 일을 치르면서 팀장님도 교훈을 얻으셨겠지 싶었는데 큰 착각이었다. 가만 내버려 두었으면 완전 무산될 뻔했지만, 팀장님 본인 주장 덕분에 이나마 건졌다고 생색을 낸다. 다들 화병이 났다.

"이런 일은 많이 겪어봐서 내가 제일 잘 알아."

팀장님이 사원들보다 경력이 많다는 사실은 인정하지만, 이렇게 곤란한 경우까지 5,000번 겪지는 못했다. 심지어 딱 한 번 겪어본 경험으로 온 우주의 진리를 깨달은 듯 큰소리치는 사람도 많다. 세상 할머니들은 아이를 1명에서 7명 정도 키우시고는, '모름지기 아이들이란…' 하며 오은영 박사를 이기려 드신다.

"내 느낌은 언제나 정확해."

수많은 데이터가 불가능을 말하고 있는데, 혼자서만 가능하다고 우긴다. 데이터 따위 운운하는 사람은 하수라며, 자신만의 뛰어난 느낌적인 느낌을 과시한다. 도대체 그 뜬구름 같은 직관은 어디서 나왔는지 너무도 궁금하다. 자다가 문득 하늘의 계시를 받은 듯, 묻지도 따지지도 말고 무조건 따르라고만 하니 대화 자체가 성립이 안 된다.

"원칙적으로 이 방향이 맞아."

눈앞의 현실에 대한 이야기는 모두 무시한다. 교과서에나 나오는 막연한 대원칙만 고집한다. 전형적인 탁상공론이다. 이론적으로 아무리 맞는 말이라도 상황이 받쳐주지 않으면 접어야 한다. 남들은 그 기본 공식을 몰라서 다른 대책을 말하겠는가. 상황에 따라서는 어쩔 수 없이 원칙을 조금 비켜 가는 결정을 해야 할 때도 있다.

"그 책과 그 사람 말은 다 맞아."

주어진 상황을 주체적으로 판단하지 않고, 자신이 좋아하는 책이나 사람을 무조건 믿고 따른다. 다른 내용을 끌어들여 반박하면, 어디 감히 그 책과 그 사람에게 비교하느냐며 발끈한다. 책을 한 권만 보았고, 딱 한 사람 의견만 듣는 사람은 말로 이기기 힘들다. 그는 논리가 아닌 믿음의 세상에 살고 있다.

"다들 내 말이 맞다고 하던데?"

사람은 누구나 같은 부류끼리 모인다. 일명 '끼리끼리'다. 자기 주위 사람들에게 물으면 항상 만장일치로 "맞아, 맞아" 한다. 길 막고 물어보아도 다들 동의했다며 고개 빳빳이 들고 의기양양이다. 자기 확신이 하늘을 찌른다. 가까운 사람 중 한두 명은 말이 안 된다고 느끼지만, 도시락 싸서 따라다니며 끝까지 말릴 정도의 애정은 없다.

"아무리 살펴봐도 내 말이 맞는 것 같은데?"

한번 눈에 콩깍지가 씌이면 전부 내가 보고 싶은 대로만 본다. 내 고집과 다른 사실은 모두 자격미달로 몰아세워 탈락시켜 버린다. 확증편향은 인간이라면 누구나 조심해야 할 공공의 적이다. 내가 맞다고 생각하면 할수록, 세상에는 내 말이 맞다는 증거만 넘쳐 난다고 느낀다.

3

공자는 '학즉불고(學則不固)'라는 말을 하였다. 배우면 배울수록 고집을 버리고 유연해져야 한다는 뜻이다. 거꾸로 말해, 배우지 않으면 고집이 생기기 쉽고 고집스러우니 더 배울 생각도 안 하게 된다. 배우지 않으면 '무식하다'는 표현을 한다. 학력 비하 발언이 아니라 '지식이 없다'는 뜻이다. 지식이 없으면 판단이 안 되니 고집만 부린다. 무식하면 용감해질 수밖에 없다.

4

고집부리는 사람의 내면에는 인정욕구도 숨어 있다. 남들이 알아서 인정해 주지 않으니, 본인이 나서서 자신을 인정하라고 남들에게 강요한다. 목청만 높이면 남들이 인정해 준다고 믿는다. 고집은 마음의 병이니 싸우거나 가르쳐서는 극복하기 어렵다. 혼자 피해를 감당하도록 내버려 두면서 나의 피해를 최소화하고, 최악의 경우 갈라서야 할 수도 있다. 인간적으로 그 사람을 안타깝게 여기며 동정하는 마음은 가져도 좋지만 너무 미워하지는 말자. 그 고집은 나를 미워하여 나만을 겨냥하는 타깃형 행동이 아니다. 공격받는다고 느끼며 마음의 상처를 입은 채 감정적으로 대처하면 나만 손해다.

왜 나의 소신은 늘 고집으로만 보일까

1

“김 셰프, 먹물 스파게티 반응이 별로 안 좋은데, 다른 레시피로 바꿔보면 어떨까요?”

“무슨 말씀이세요, 이 메뉴는 최고예요. 손님들이 명품을 알아보는 눈이 없어서 그래요.”

매니저가 어렵게 한마디 꺼냈지만 본전도 못 건졌다. 손님들 클레임이 점점 많아지고 식당 손실도 이만저만이 아니다. 김 셰프는 자신이 옳고 그들이 틀렸다며 요지부동이다.

2

소신을 지키는 일과 고집을 부리는 행동은 얼핏 보기에 아주 닮았다. 하나의 기준을 주욱 밀어붙인다는 점에서 뚝심 있는 황소의 이미지가 떠오른다. 대신 주위의 평가는 극과 극이다. 소신은 박수 소리를 듣지만, 고집은 손가락질만 받는다. 일관된 마음을 유지하는 과정은 똑같은데, 왜 이리도 평가는 다른 걸까.

3

친구를 보면 그 사람을 알 수 있듯이, 그 단어에 자주 붙어 다니는 말들을 살펴보면 그 차이를 금방 알 수 있다. '소신'의 친한 친구는 '원칙'이다. 객관적이고 논리적인 생각이 근본이라는 뜻이다. 1950년대 독일에서 입덧을 없애주는 신약이 개발되어 세계적으로 난리가 났다. 미국 시장에 진입하려고 FDA에 신청서를 내밀었는데, 담당 공무원이 보기에 어딘가 이상했다. 태아에게 어떤 영향이 있는지 검토가 충분하지 않고, 안전성에 대한 근거도 부족하다고 판단했다. 보완자료를 계속 요구하다가 끝내 허가를 내주지 않았다.

훗날 이 약은 임신 초기에 복용하면 기형아 출산이라는 엄청난 부작용이 생긴다는 사실이 밝혀졌다. 그 유명한 '탈리도마이드 사태'가 바로 이 스토리다. 미국 FDA의 담당 공무원 프랜시스 켈시 박사 단 한 명이, 거대 제약회사를 상대로 벌인 행동은 강력한 소신이었다.

4

반면 '고집'의 절친은 '불통'이다. 도무지 말이 통하지 않는다. 남들이 아무리 아니라고 말해도 절대 듣지 않는다. 결과가 계속 안 좋아도 절대 자신의 문제로 인정하지 않는다. 자신은 민족중흥의 역사적 사명을 띤 정의의 사도이고, 남들은 비겁하게 현실과 타협하는 소인

배라고 생각한다. 고집이 불통과 친한 이유는 나만의 맹목적인 믿음 때문이다. 마음속 깊이 한번 꽂히고 나면, 아무 말도 들리지 않고 아무것도 보이지 않는다. 무작정 돌격 앞으로 직진 본능만 남는다.

5

"강한 감성이란 감정을 강하게 드러내는 것이 아니다.
아무리 마음이 격렬하게 요동치더라도,
균형을 잃지 않는 것이 강한 감성이고 정신력이다.
훌륭한 정신력에는 일관성과 판단력이 중요하다."

— 클라우제비츠의 『전쟁론』 중에서

'앗, 이거다!' 싶은 강력한 느낌이 들 때가 있다. 의심할 여지도 없는 정답처럼 보인다. 내 마음이 흥분되는 바로 그 순간, 차분히 진정하고 다시 한번 돌아볼 줄 알아야 한다. 사리분별 제대로 하며 이성적으로 원칙을 지켜야 한다. 하지만 보통은 남들이 아니라고 부정하면 할수록 더 뻣뻣해지기 쉽다. 그런 상황을 두고 아무도 소신이라 말하지 않는다. 나만의 고집이 시작된다.

6

제대로 된 소신이라면 언제든 기꺼이 바꿀 수 있다. 몰랐던 사실을 알게 되거나 더 좋은 의견을 들었을 때, 기꺼이 새로운 버전의 소신으로 업그레이드 하면 그만이다. 사람들은 소신을 버렸다고 말하는 대신 더 좋은 소신으로 갈아탔다고 말한다. 무조건 안 바꾼다고 능사가 아니다. 열린 마음으로 늘 깨어 있으면서 용기 있게 밀어붙이는 자세가 중요하다.

대화에 어려움을 느끼는 이유

1

"다른 사람과 대화하기가 너무 어려워요."

사람과 사람 사이에 주거니 받거니 마음 편히 대화 나누기가 어려운 시대가 되었다. 여기저기 소통이 중요하다고 강조하는 이유가 다 있다. 대화에 어려움을 겪는 대표적인 유형을 살펴보자.

2

남의 말을 잘 들어주지 않는다

누구든 정신없이 바쁘게 사는 세상이다. 콜센터에 전화하거나 마트에서 과일을 살 때, 심지어 가족과 휴가 일정에 대해 의논하는 순간까지도 내 말을 꼼꼼히 들어주는 사람을 만나기 어렵다. 지금 당장 나에게 아쉬운 일이거나 관심사가 아니면, 딴전 피우며 말을 자르거나 스마트폰 보며 건성으로 듣는다. 그런 상대의 모습에 말을 꺼내자마자 벌써 상처받기 시작한다. 지금 그렇게 상처받은 사람조차 상대가 말하면 또 같은 방식으로 상처를 준다. 그러다 가끔, 아주 가끔 내 눈을 뚫어져라 쳐다보면서 한 글자 한 글자 집중해서 듣는 사람을 만난다. 호감을 갖지 않으면 오히려 더 이상하다. 물건이든 보험이든 다 팔아주고 싶다.

무슨 말을 해야 할지 잘 모르겠다

마음으로는 이런저런 이야기 마음껏 풀어놓으며 하하호호 즐겁게 대화하고 싶다. 인사 한마디 하고 나면 더 할 말이 없다. 그 뻘쭘한 분위기를 도저히 못 견디겠다. 꼭 필요한 업무적인 내용만 툭툭 던지고 대화를 마무리한다. 사람은 누구나 말할 거리가 많다. 멍석만 잘 깔아주면 이말 저말 마구 쏟아져 나온다. 누가 말할 기분을 잘 만들어 주는지가 관건이다. 진료실에서 수험생 진찰을 할 때, 곁다리 질문 몇 가지를 던지며 꼬리에 꼬리를 물고 대화할 때가 있다. 친구 문제, 학교생활의 어려움, 입시에 대한 고민까지 여러 이야기가 마구 쏟아진다. 옆에서 지켜보던 엄마가 "네가 문학에 관심 있는지 처음 알았네" 하며 놀라신 적도 있다. 토크쇼 진행자가 되어 이야기를 끌어가야 한다는 부담은 가지지 말자. 그저 상대방 가슴속 잔뜩 부풀어 있는 말풍선에 바늘구멍 하나 내주면 끝이다. 바람이 요란하게 빠지듯 우다다 말들이 쏟아져 나온다.

취조 당하기는 싫다

소개팅이나 선 자리를 부담스러워 하는 분들의 공통적인 이유가 있다. "서로 호구조사 하는 그 상황이 너무 싫어요." 대화는 미니시리즈 1부에서 마지막 회까지 죽 이어지듯 맥락이 있어야 한다. 뜬금없이 이 이야기, 저 이야기 점프점프 왔다갔다하면서 자기 궁금한 내용만 물으면 경찰관 취조가 되어 버린다.

"추석은 잘 지내셨어요?"

"아, 아빠와 영화 보셨다구요? 부모님과 사이가 좋으신가 보네요."

"평소에는 술 드시고 늦게 오셔서 얼굴 보기 힘드시군요. 아빠가 술을 좋아하시나 봐요."

"엄마도 아빠 술 때문에 건강 걱정을 많이 하시는군요. 엄마는 건강 괜찮으세요?"

대화 스킬에 따라 '원숭이 엉덩이가 빨갛다'는 첫 문장에서 끝나는 사람이 있는가 하면 사과, 바나나, 기차, 비행기, 백두산까지 이어가는 사람도 있다.

내 말을 잘 알아듣고 있는지 궁금하다

분명 이 부분은 잘 이해하기 힘들었을 텐데 묻지도 않고 그냥 묵묵히 듣고만 있다. 십중팔구 딴 생각하느라 제대로 듣지 않는다는 뜻이다. 대화할 때 말하는 사람은 상대방이 그 내용을 잘 알고 듣는지 잘 모른다. 말하는 입장에서는 상대에게 잘 전달되고 있는지, 내 말에 관심은 있는지 몹시 궁금하다. 결국 참지 못하고 내 말을 잘 듣고는 있느냐며 확인 들어간다. "잘 듣고 있으니까 계속 말해. 방금 이런 말 주욱 했잖아." 암기력 테스트 하자는 말이 아니다. 정말 무관심한 상태가 아니라면, 적당한 리액션을 던져야 말하는 사람도 신이 난다.

"아, 많이 아팠겠네."
"어이쿠, 시간이 너무 부족했겠다."
"정말 기분 좋으셨겠어요."

틀린 말을 할까 봐 겁난다

일상의 대화는 학술회의나 TV 토론 방송이 아니다. 이야기하면서 기억이 잘 안 나거나 틀린 내용을 말할 수도 있다. 전체적인 스토리 위주로 들어야 한다. 순간순간 오류를 지적하기 시작하면 말문이 막힌다.

"5만 원쯤? 52,700원이 맞는데요?"
"저번 주 정도? 8일 전 화요일 저녁 8시 아니었나요?"

그리 중요하지 않은 말은 그냥 넘어가자. 그 수치 하나 바로잡는다고 해서 기억력 천재나 논리 박사 소리를 듣지는 못한다. 아무 말이나 하도록 놓아 두고 가만히 경청하면 대화가 훨씬 순조롭게 이어진다.

나와 생각이 다를까 봐 두렵다

내 의견을 강하게 이야기할 때 상대방도 나와 생각이 같을까 하는 걱정을 한다. 특히 민감한 성격의 정치, 이념, 종교 같은 주제라면 더욱 긴장한다. 오죽하면 가족 모임에서 저런 토픽은 아예 화제로 올리지 않는 편이 낫다는 불문율까지 있다. 반대로 생각해 보자. 그렇게 민감한 이슈까지 분위기 망치지 않고 부드럽게 말할 수 있는 대화력이 있으면 얼마나 사람이 멋있어 보일까. 의외로 그리 어렵지 않다. 상대가 무슨 말을 하든 대놓고 부정만 하지 않으면 된다. 무조건 "네, 맞아요"로 시작하자. 문맥에 안 맞아도, 내가 상대방 말에 동의하지 않아도 상관없다. 일단 맞다는 말로 시작하면 그다음 무슨 말을 하든 상대에게는 부드럽게 들린다.

"중국 음식 하면 역시 짜장면이죠."

(X) "저는 생각이 다른데요, 대표는 탕수육 아닌가요?"

(O) "맞아요, 짜장 기본에 먹는 탕수육은 정말 최고에요."

괜한 충고를 던지면 황당하다

여러 가지 이야기를 하다 보면 상대가 겪고 있는 조금 곤란한 사정을 말하기도 한다. 상대방은 지금 나에게 상담 컨설팅을 받으러 오지 않았다. 조언을 듣기 위해서가 아니라, 그저 본인 주위 자잘한 이야기를 늘어놓고 있을 뿐이다. 구태여 빈틈을 찾아 문제를 바로잡으려 애쓰지 않아도 된다. 습관처럼 충고를 던지는 사람에게는 조금 복잡한 심리가 숨어 있다. 단순히 상대를 염려하는 마음이 전부는 아니다. 이런 좋은 해결책을 알고 있는 나 자신이, 그만큼 대단하다고 생각한다. 자기만족과 인정욕구가 숨어 있다. 상대가 곤란한 이야기를 시작한다면 공식적으로 허가된 리액션은 딱 하나다.

"그랬군요. 참 힘드셨겠어요."

3

대화가 어렵다고 느끼는 사람은 대부분 상대에게 문제를 찾는다. 반대로 상대는 나를 원흉으로 생각한다. 피차일반이다. 서로 상대편 마음을 조금만 헤아리면 훨씬 좋은 대화를 나눌 수 있다. 그 작은 배려심이 부족하여 대화가 힘들고 어려워진다. 남들 다 어려워하고 있으니, 당신이 조금만 남에게 집중하며 이해하려고 노력하면 엄청난 스펙을 거저 얻는 셈이다.

모든 새는 다른 목소리로 운다

1

“왜 저한테만 자꾸 뭐라고 하세요? 다 저 사람 탓이고, 저는 아무 잘못 없어요.”

많이 듣는 레퍼토리다. 무슨 일만 생기면 다들 제 한 몸 챙기기 바쁘다. 어떻게든 위기를 모면하려고 꼼수를 부린다. 나쁘다고 할 수만은 없다. 이런 보호막이라도 쳐야 내 마음을 지킬 수 있다. 이를 방어기제라고 한다.

2

가장 기본은 ‘투사’다. 일명 떠넘기기 전법이다. 모든 문제는 다 남의 잘못으로 넘겨 버린다. 내가 저지른 행동이 드러나도 자신은 시키는 대로 했을 뿐이라며 발뺌을 한다. 불법유턴을 하다 경찰에게 잡혀도 왜 다른 차들은 잡지 않느냐며 투덜거린다. 다른 사람은 백 보씩이나 도망쳤지만, 나는 겨우 오십 보만 달아났으니 봐주어야 한다고 우긴다. 투사는 반사로 맞서야 한다. 어차피 앞뒤도 맞지 않는 억지를 부리고 있는데, 혼자 분통을 터뜨리며 맞서봐야 나만 손해다. 이치에 맞게 조목조목 따지고 들면 들수록 상대는 더 기세를 올리며 몰아붙인다. "아, 그렇게 생각 하신다구요? 저는 생각이 좀 다른데요." 상대방 생각을 살짝 인정하면서 태연하게 외면하는 편이 백번 낫다.

3

남 탓하는 정도면 그래도 말싸움 수준이니 양반이다. 미성숙한 사람은 말로 그치지 않는다. 자신의 분을 참지 못하고 '행동'으로 옮기기 시작한다. 언어폭력으로 큰 소리를 내거나 손에 잡히는 대로 물건을 부순다. 심하면 직접 때리며 폭력을 행사하기도 한다. 어떤 사람은 이런 감정의 흥분이 본인 자신을 향한다. 밥을 안 먹고 술·담배에 찌들어 지내거나 간혹 자해도 한다. 남 대신 자기 자신을 공격하는 행위다. 이렇게 행동으로 옮기는 유형은 본인이나 타인에게 신체와 정신적인 상처를 줄 수 있으니, 적절하게 대처를 잘해야 한다.

단, 무턱대고 반격하지는 말자. 부적절한 말과 행동이 튀어나오는 사람은 본인의 감정과 생각을 차근차근 표현하지 못한다. 일단 이해하고 공감하는 모습부터 보여야 공격성이 약해진다. 기분이 진정된 후에야 그 행동에 대해 말할 수 있다. 논평이나 지적은 하지 말고 그런 언행에서 내가 느끼는 불편만 간단명료하게 전하자.

4

내향적인 사람은 자기 내부에서 문제를 해결한다. '억압'을 하는 사람이다. 감당하기 어려운 감정이 자신을 다치게 하지 않도록 강하게 억누르고 차단시킨다. 남에게 모욕을 당해도 본인은 전혀 화나지 않는다고 말한다. 언뜻 보기에 화나는 감정을 극복한 사람처럼 보이지만 실은 슬쩍 외면한 상태다. 심리적으로 불편한 감정을 격리시킨 상황으로 이해하면 좋다. 이 사람은 자신에게 불리한 감정이나 기억을 왜곡시키거나 지워 버리는데, 자존심이 상했거나 죄책감, 수치심을 느낀 경험은 더욱 강하게 누른다. 이런 억압을 오래 반복하면 어느새 자연스러운 감정에도 무감각해진다. 상대방이 무의식적으로 방어해 버린 그 감정들을 자연스럽게 겉으로 털어놓을 수 있도록 분위기만 조성하고 기다리자.

5

가장 좋은 방어기제는 바로 '억제'다. 참더라도 억압의 유형처럼 자신의 감정을 부정하지는 않는다. 화나는 상황에서 충분히 분노를 느끼지만, 남에게 떠넘기거나 거친 행동으로 드러내지도 않는다. 본인 내면의 힘으로 그 화를 기꺼이 견뎌낸다. 마음속으로 참을 '인'자를 여러 번 쓰면서 위기를 넘긴다. 이런 고급 기술은 테크닉으로 배우는 부분이 아니다. 인생 경험과 인격의 산물이다.

6

세상에 존재하는 수많은 새들은 모두 자기만의 목소리로 운다. 트러블 앞에서 보이는 반응도 사람마다 제각각이다. 각자 자신의 방어기제를 작동시키며 자기만의 곡소리를 내는 중이다. 때로는 상대가 힘들다고 울부짖는 곡소리가 나에게는 낯설게 느껴지는 방식일 수도 있다. 영 못마땅하고 버릇없어 보일지도 모른다. 한 가지만 기억하자. 상대의 저런 반응은 눈앞의 나를 겨냥한 악의적인 행동이 아니다. 그저 본인이 힘들고 괴롭다는 신호일 뿐이다. 그 속내를 잘 이해하고 해결 방법을 같이 고민해 보면 좋겠다.

남의 말 안 듣는 사람

1

"분명 제가 다 말씀드린 내용인데요, 제 말을 안 들으셨나요?"

본인 할 말만 목청 높여 말하고, 남의 말은 안 듣는 사람이 있다. 이런 사람과 대화하려면 무척 피곤하다. 의견 차이로 싸우면 차라리 낫다. 소통이든 타협이든 대화로 풀어 가면 되는데 아예 말이 안 통하면 진이 빠진다. 남의 말을 안 듣는 사람의 몇 가지 유형이 있다.

2

건성으로 듣는 사람

상대의 말에 집중하지 않고 띄엄띄엄 듣는 유형이다. 상대가 또박또박 말하지만 성의 있게 듣지 않으니, 정확한 취지를 파악하지 못한다. "그런 말을 했던가? 기억이 안 나는데…" 하지만 뻔히 기억하면서 일부러 오리발 내미는 악질은 아니다. 말을 듣는 그 순간 금방 잊어버렸고, 진짜 기억도 안 난다.

엉뚱하게 알아듣는 사람

상대방이 무슨 말을 하든, 구태여 그 생각을 알고 싶어 하지 않는다. 귀에 잘 들어오는 몇 가지 단어만 짜깁기하여 새로운 문장을 만들어낸다. 전혀 엉뚱하게 창의적으로 알아듣는다. "내가 언제 코로나 때문에 가족 모임을 취소하자고 말했어? 얼마 전 코로나 걸리신 어머니 고려해서 모임 일정을 조금 미루자고 했잖아." 나중에는 상대가 말을 바꾼다며 거꾸로 뒤집어 씌우기도 한다.

대충 넘겨짚는 사람

상대가 어려운 표현을 쓰거나 생각이 정리되지 않은 상태로 말하면 못 알아들을 수도 있다. 여기까지는 괜찮지만 그다음이 문제다. 다시 묻고 확인해야 하는데 그냥 가만히 있다. "그때 오피스 삼 어쩌고 하신 말씀이 오피스365라는 제품명이었어요? 저는 사무실을 영어로 말씀하시는 줄 알았어요. 사무실에 모여서 같이 작업하자는 말씀으로 들었네요." 정확히 알아듣지 못하거나 이해를 못 한다고 죄는 아니다. '대충 이런 뜻이겠지' 하고 넘겨짚으며 확인을 안 하면 반드시 후환이 생긴다.

대화를 회피하는 사람

대화 자체를 싫어하는 사람이 있다. 주거니 받거니 이야기 하면서, 자신의 생각을 주장하고 설득하는 과정이 너무 부담스럽다. "네. 잘…알겠…습니다!" 무조건 알았다고만 하니 상대도 더 이상 말 꺼내기가 어렵다. 분명히 못 알아들었고 동의하는 표정도 아닌데 알았다는 말만 반복하니 답답한 노릇이다. 나중에 꼭 이상한 행동을 한다.

악마의 편집을 하는 사람

가장 최악이다. 상대의 말을 정확히 알아들었고, 무슨 의도인지도 다 파악했다. 하지만 자신에게 유리하도록 요리조리 문장을 뒤바꿔 가며 교묘하게 뉘앙스를 왜곡한다.

"그러니까 시댁 가면 피곤하다는 말이지? 피곤하니까 가기 싫다는 말이잖아. 지금!"

"무슨 말이야. 시댁까지 차 막히고 7시간 운전하면 너무 피곤하니까 KTX로 가자고 했을 뿐인데."

처음부터 악의를 가진 상태이므로, 무슨 말을 하더라도 꼬투리를 잡는다. 제멋대로 편집을 해서라도 기어이 공격을 퍼붓고야 만다. 처음부터 공격 태세를 갖추고 대화에 임한다. 대화가 아니라 언어폭력이 목적이었다.

3

사람을 사회적 동물이라고 부르는 이유가 다 있다. 혼자 살 수 없으니 서로 어울려 살아야 한다. 가정, 직장, 사회생활 어디서나 의사소통을 제대로 못하면 남들에게 큰 민폐다. 내가 남에게 말을 제대로 전달하려면 상대가 무슨 말을 하는지부터 정확히 알아들어야 한다. 그 의도를 알기 위해 경청하는 자세가 필요하다. 내 귀는 틀어막고 하고 싶은 말만 계속 내뱉으면 어느 순간 상대방도 내 말을 안 듣는다.

보이는 대로만 보는 사람

1

"점심 때 무슨 반찬하고 밥 먹었어?"

이 간단한 질문에도 여러 가지로 답할 수 있다. 그 대답만 잘 살펴보아도 그 사람의 안목과 시야가 그대로 드러난다. 깊이에 따라 3단계로 나누어 볼 수 있다.

2

1단계는 보고 싶은 것만 보는 사람이다

"돼지고기하고 된장을 먹었어요."

질문에 특별한 제한을 두지 않았지만 반찬 중에서 본인 눈에 띄었던 몇 가지만을 언급한다. 김, 삶은 계란, 멸치, 김치 같은 밑반찬은 특별하다고 생각하지 않았으니 그냥 통과한다. 본인 취향이나 당시의 분위기, 심리적 상태에 따라 눈앞의 정보를 1차로 걸러낸다. 본인이 지나친 정보들에 대해서는 대수롭지 않게 말하며 합리화한다.

3

2단계는 보이는 대로 보는 사람이다

"돼지고기, 된장, 김, 삶은 계란, 멸치, 김치였어요."

질문에 충실하게 묻는 대로 답한다. 반찬으로 나온 메뉴를 하나도 빠짐없이 성실하게 잘 대답한다. 편견 없이 보고 듣는 데이터에 집중하며 모든 정보를 차별 없이 받아들인다. 반찬 종류에 따라 좋아하든 싫어하든 처음 보았든 말든 전혀 상관하지 않는다. 완전히 열린 마음으로 세상을 바라본다. 선입견 없이 보이는 그대로 모두 받아들이는 그 자체도 엄청난 능력이다.

4

3단계는 보이지 않는 부분까지 찾아서 보는 사람이다

"돼지고기는 고추장 양념이었어요. 된장은 묽게 된장국처럼 나왔구요. 김은 기름칠 없이 간장에 찍어 먹었고, 삶은 계란은 간장에 졸여서 나왔어요. 멸치는 볶았고, 김치는 깍두기였네요."

언뜻 봐도 대답이 질적으로 다르다. 조리사 선발 시험 중 갑자기 반찬에 대한 PT 발표를 시킨 줄 알겠다. 이런 사람은 누가 시키지 않아도 모든 감각과 두뇌 회전을 풀가동하며 사물을 대한다. 항상 호기심이 넘치고 궁금하면 못 참는 스타일이다.

5

정보를 대하는 다양한 방식은 고스란히 결과로 이어진다. 1단계 학생은 선생님이 시험 나온다고 강조하신 부분만 공부하고, 2단계 학생은 모든 문장을 샅샅이 읽으며, 3단계 학생은 참고서로 주변 지식까지 알아낸다. 각자 손에 받아든 점수는 결코 우연한 결과가 아니다. 1단계는 조금만 분발하고 노력하면 금방 2단계로 발전할 수 있다. 관건은 3단계다. 1, 2단계와 3단계는 차원이 다르다. 핵심은 적극적인 노력의 여부다. 1, 2단계는 주어진 상황에 집중하는 패턴이지만 3단계는 상황을 벗어나 능동적으로 새로운 행동까지 한다.

6

"한국 사람들은 질문을 너무 안 해요."

오바마 대통령의 기자회견과 관련하여 한때 유행했던 이슈다. 질문은 3단계 사람만 할 수 있다. 보이고 들리는 정보 외에 더 알고 싶은 욕구가 있어야 책을 찾든 남에게 물어보든 한다. 3단계 시각을 가지려면 적극적인 자세부터 장착해야 한다. '누가 맞다고 했으니 맞겠지, 누가 빨갛다고 했으니 빨간색이겠지' 하고 무기력하게 받아들이기만 하면 절대 3단계 고비를 넘을 수 없다. 정말 맞는지, 다른 의견은 없는지 의심하는 자세가 필요하다. 단, 매 순간 꼬투리만 잡으려는 투덜이 스머프 말고 합리적으로 의심하는 파파스머프 쪽이어야 한다.

심청이 구출 대작전

1

"우리 애는 브로콜리를 안 먹어서 키도 안 크고, 1년 내내 감기를 달고 살아요. 선생님이 브로콜리 좀 열심히 먹으라고 말씀해 주세요."

실화다. 중학생 자녀를 데리고 진료실에 들어오신 어머니는 진심이셨다. 당장 오늘부터라도 브로콜리만 열심히 먹기 시작하면 한약은 안 써도 될 텐데 왜 엄마 말을 안 듣는지 모르겠다고 생각하셨다. 이런 말씀을 들으며 15년 자라 온 아이에게 더 마음이 쓰인다.

2

어머니가 왜 그런 생각을 하시게 되었을까. 사람의 뇌는 태어날 때부터 인지적 구두쇠이므로 매사에 깊이 생각하려고 들지 않는다. 그저 뇌의 기능을 최대한 덜 쓰는 쪽으로 에너지를 아끼기만 한다. 이때 눈앞에 여러 조건이 뒤섞인 복잡한 상황이 펼쳐진다. 구체적인 정보를 모아서 따져 본 뒤 인과관계를 분석하고 합리적인 판단을 내려야 하는데 너무 번거롭고 귀찮다. 쉽고 편한 방식으로 결론 내고 갑툭튀 결론으로 점프해 버린다. "정 대리는 일 처리가 꼼꼼한데, 역시 여자라서 그런 것 같군." 고정관념과 선입견이 탄생하는 순간이다. 대표적인 아이템이 성별, 외모, 출신, 나이, 학력, 국적 같은 항목들로 어설프게 일반화하기 좋은 개념들이다.

3

누구나 고정관념이나 선입견이 있을 수 있다. 남들이 뭐라고 하든 말든 본인이 옳다고 생각하는 그 내용을 절대 포기 못 한다. 다만 그 정도가 너무 지나치면 문제가 된다. 다른 사람과 소통이 안 되고 외딴섬에 혼자 표류한다. 그 섬에서 자신만의 진화를 시작한다. 갈라파고스 섬에서 세상과 단절된 채 특이한 모양으로 변해 온 핀치 새처럼 말이다. 절대 일회성으로 그치지 않는다. 처음 정 대리가 여성이라서 꼼꼼하다고 반신반의하며 비약시켰지만, 그 옆자리 여사원 민 대리마저 꼼꼼하다면 이제 확신으로 바뀐다. 말도 안 되는 맹목적인 믿음이 만들어진다.

4

믿음을 가진 사람들이 하나, 둘 모이면 집단을 형성한다. 나 혼자 그런 생각을 할 때는 긴가민가했지만, 내 주위에 나와 비슷한 사람들이 넘쳐흐르면 어느새 상식이라고 착각한다. 누구든 그 당연한 사실에 이의를 제기하면 역적으로 간주한다. 합리적으로 따져 보자는 의견조차도 답답해한다. 나는 타임머신을 타고 과거로 돌아가더라도 결코 심청이를 구할 수 없다. 인당수의 처녀 제물과 바다 풍랑이 아무 상관없다는 사실을 백만 가지 근거로 증명한들 상인들은 절대 흔들리지 않는다. 물론 그 사이에 처녀를 바치고도 풍랑을 만나 배가 좌초된 적이 한두 번 있었다. 그럼에도 불구하고 한번 만들어진 믿음은 그리 쉽사리 무너지지 않으며 오히려 더욱 강해진다.

"우리 정성이 부족했어, 용왕님이 더 좋아하실 만한 제물을 다시 찾아보자구."

5

그렇다고 해서 그들을 사악한 악당이라고 말하기는 어렵다. 단지 처녀를 바칠 때마다 바다가 잠잠해졌던 그 기억만 굳게 믿고 따른 죄밖에 없다. 어이없는 행동을 수없이 반복하면서도 결코 멈출 수 없었던 이유는 엉뚱한 곳에 있다. 나의 행동이 예상한 결과로 이어지지 않으면 내가 만족할 만한 성과가 나타날 때까지 성실하고 끈기 있게 무한 반복해서 그렇다. 처녀 한 명을 바치고도 폭풍이 멈추지 않으면 또 한 명, 또, 또 한 명…. 바다가 잠잠해질 때까지 처녀를 끝도 없이 계속 바쳤다. 그 어떤 피드백도 그들의 생각을 바꾸기는 역부족이다.

6

이 중학생의 어머님도 처음부터 브로콜리에 꽂히셨을 리는 없다. 어느 순간 특별한 경험을 하고 그 경험이 비합리적인 믿음이 되었다. 오랜 시간이 지나면서 구체적인 상황에 대한 기억은 모두 흐려지고, 이제 마음속 믿음만 남아 있다. 그 상황에 대한 정보가 모두 사라졌으니, 다시 상황을 복기해 가며 잘못된 믿음을 논리적으로 바로잡기는 거의 불가능하다. 브로콜리의 성분과 효능을 설명하고 아이의 건강과 별 상관이 없다고 알려드려도 이미 눈빛으로 말하고 계신다. '의사 선생님이 저보다 공부는 더 많이 하셨겠지만, 브로콜리는 제가 더 잘 알아요.'

할 수 없다. 이제 문제는 내 자존심이 아니라 이 학생의 비염이다. 엄마가 주시는 브로콜리도 꼭 챙겨 먹으라는 말을 던진 덕분에, 한약 처방을 쓰기로 하셨다. 한 달 뒤 밝은 표정으로 다시 들어오신다. "원장님, 비염이 아주아주 많이 좋아졌어요. 원장님 말씀 듣고 매주 한 번은 꼭 브로콜리를 먹었는데, 코는 물론이고 잠도 잘 자고 배도 안 아프다고 해요. 역시 브로콜리 짱이에요." 그래도 어떤 식으로든 아이를 비염에서 구출했으니 일단 내 역할은 다했다. 앞으로가 걱정이다.

무시당한다고 느끼는 이유

1

"왜 자꾸 저를 무시하세요, 저도 기분 나쁘다구요."

무시당하고 기분 좋은 사람은 없다. 상대에게 따져 보지만 황당하다는 표정만 짓는다. 무시한 적이 없는데 무슨 말이냐며 어이없어하기까지 한다. 한쪽은 무시를 당했다고 느끼고, 다른 쪽은 무시하지 않았다고 말하는 이유는 무엇일까.

2

남이 나를 무시할 때도 있지만 내가 무시를 당하는 경우도 많다. 무시할 상황이 아닌데도 나를 깔본다면 전적으로 상대방 잘못이지만 내가 그럴 만한 행동을 하고 다닌다면 원인 제공의 책임이 나에게 있다. 최 대리는 술만 마시면 여성 동료에게 성적인 농담을 하며 히히덕거린다. 당연히 모든 직원이 술자리에서 그를 피하고 평소 근무 중에도 싸늘하게 대한다. 최 대리는 왜 다들 자기만 미워하는지 영문을 모르겠다며 팀장님에게 하소연한다. 특정 인물 한두 명이 아닌 부서 전체가 일심동체 비슷한 태도를 보인다면 자기 자신부터 돌아볼 필요가 있다. 남들 보기에 너무 이상한 행동이지만 의외로 본인은 너무 익숙해져 알아차리지 못하기도 한다. 가까운 사람에게 도움을 청하면 좋다.

"다들 저를 무시하시니 제 행동에 문제가 있는 것 같네요. 팀장님, 제가 어떤 부분을 고치면 좋을까요?"

3

"내가 회사 일이 너무 힘들어서 치킨집 차릴까 푸념을 좀 했어. 그렇다고 그렇게 야박하게 몰아붙여? 쓸데없는 소리 그만하고 밥이나 먹으라니, 나를 너무 무시하고 있잖아!"

아내는 오늘 회사에서 남편에게 무슨 일이 있었는지 전혀 모른다. 남편은 가족에게 위로라도 받고 싶은 마음이었겠지만, 회사를 그만둔다는 말 자체가 누군가에게는 엄청난 폭탄처럼 느껴진다. 상대방은 당신을 무시하려는 마음이 아니다. 힘든 마음은 이해하지만 그런 무책임한 말을 함부로 하지는 말아 달라고 부탁하는 중이다.

4

"저는 어디를 가나 늘 무시를 당해요. 선생님들한테 꼬박꼬박 인사했지만 이름도 몰라주시고, 떡볶이집에서 주문도 제일 늦게 받아요."

사람들은 모두 자기 앞가림하기 바쁘다. 나 아닌 남에게 신경 써 줄 여력이 없다. 많은 아이들을 대하는 선생님 입장에서 학생 이름 하나하나 다 기억하시기 어렵다. 눈코 뜰 새 없는 떡볶이집 할머니는 누가 먼저 왔는지 일일이 챙기지 못하신다. 나도 모르는 사이에 학교 선생님부터 떡볶이집 할머니까지 대회의실에 모두 모여 앉아서 "내일은 저 학생을 이러이러하게 무시합시다." 특별 대책이라도 세우는 줄 아는가.

5

자격지심이라는 말이 있다. 내 자존감이 낮아지면 주위에서 일어나는 모든 일이 다 부정적으로만 보인다. 무슨 일이든 실제와 다르게 나만의 시나리오대로 각색된 채 재해석된다. 열등감을 극복하려면 나만의 피해의식에서 벗어나야 한다. 지금까지 나를 괴롭힌 사람은 없었다. 그저 나 스스로 상처를 만들어 내고 아파했을 뿐이다.

논리로 설득하는 사람은 3류

1

“정말 답답해요. 이만하면 초등학생도 이해할 만큼 깔끔하게 논리적으로 잘 설명하지 않았나요?”

논리에 맞게 말하기만 하면 상대방 마음의 자물쇠가 덜커덩 저절로 열릴 줄 알았는가. 아무리 내가 1 더하기 1이 2라고 해도 상대가 아니라고 우기며 못 믿겠다 말하면 그만이다. 어쩔 텐가, 경찰에 신고라도 하겠는가.

2

설득에서 논리는 1순위가 아니다. 시험문제 답안지라면 사실에 근거한 논리적인 추론으로 끝이다. 전문가인 채점자가 자신의 전문 지식과 정답에 근거하여 내 답안을 제대로 평가하기만 하면 확실하게 100점이다. 학교를 졸업하는 순간 그런 식으로 순진무구하게 설득하는 과정은 다 끝났다. 실전에서는 아무도 심판관처럼 내 주장을 객관적으로 검증해 주지 않는다. 오직 말하는 자와 그 말을 듣는 상대방만 존재한다. 심지어 법정에서는 변호사와 검사의 주장에 따라 똑같은 내용이 옳은 말이 되기도 하고 틀린 말이 되기도 한다.

3

설득의 3요소로 '에토스, 파토스, 로고스'를 꼽는다. 다만 이 3가지가 모두 들어갔다고 해서 무조건 좋은 설득이라고 하지는 않는다. 정확히 그 순서까지 지켜야 한다. 1순위는 무조건 에토스다. 에토스는 말하는 사람 자체에 대한 이미지다. 지금 상대가 하려는 말의 내용과는 아무 상관이 없다. 그 사람이 얼마나 신뢰할 수 있는 사람인지, 그런 말을 할 만한 자격은 있는지, 인품은 존경스러운지 1차 검증을 하는 과정이다. 말도 안 된다고 생각하는가. 바로 오늘 당신도 그랬다. 경제 이슈에 대해 방송에서 애널리스트 아무개가 한마디 하면 초집중하지만, 10년간 매일 3시간씩 경제를 공부해 온 숨은 실력자 김 대리의 분석에는 콧방귀를 뀌지 않았는가.

4

겨우 에토스를 통과하면 두 번째 관문은 파토스다. 파토스는 듣는 사람의 감정을 자극하여 행동으로 옮기도록 부추긴다. '이 땅의 피울음과 하얀 옷의 핏줄기를 말한 뒤, 다시 저 들판에서 뜨거운 흙을 움켜 쥐라'고 열정을 깨우는 방식이다. 〈광야에서〉 노래에는 그런 파토스의 힘이 들어 있다. 감정에 호소하는 방식도 여러 가지다. 타인을 비난하여 그에 대해 분노하게 할 수도 있고 듣는 사람의 아픈 부분을 교묘히 건드려 욱하게 할 수도 있다. 정치적으로 대중을 선동하든, 물건을 팔려고 영업을 하든 사람을 설득하는 과정은 매한가지다.

5

상대가 당신에 대한 믿음을 가지고 있고 기꺼이 행동을 시작할 준비가 되었을 때, 이제야 논리가 필요하다. 처음부터 정확한 논리에 설득당한 뒤, "아, 그렇게 행동하는 편이 맞겠네요. 당신이 누구신지는 모르겠지만, 내용 자체가 아주 정확합니다. 좋아요, 당신 말대로 할게요." 그런 합리적인 사람은 거의 없다. 다들 공부할 만큼 했고, 남보다 세상 보는 눈도 정확하다고 생각한다. 그런 사람들이 말도 안 되는 사기를 당하고 업무 중 황당한 판단을 한다. 나를 설득하기로 작정한 사람은 에토스, 파토스를 거쳐 로고스까지 단단히 무장하고 덤비기 때문이다. 절대 자기를 과신하지 말자. 나에게 떡볶이 파는 할머니는 내가 자동차 세일즈하려고 밤잠 안 자고 연구하는 에너지의 백만 배쯤 고민하고 계신다.

3부

오만과 편견 때문이라면

태도와 관점

남과 소통하는 올바른 태도

1

"다른 사람하고 한참 대화하다 보면 서로 엉뚱한 소리를 하고 있어요. 소통을 잘하려면 어떻게 해야 되나요?"

우리는 매 순간 남과 더불어 살아간다. 나 이외의 모든 사람은 가족이든 친구든 동료든 모두 남이다. 인간은 나 아닌 남과 얼마나 잘 소통할 수 있는지가 매우 중요하다. 사회적 능력은 선택이 아니라 필수다.

2

사회적 능력 1단계는 말문 열기다

나와 남이 만나면 맨 처음 소통부터 시작해야 한다. 처음 만나면 상대가 무슨 생각을 하는지 전혀 알 수 없으니 외계인을 대하는 기분이다. 선뜻 말 걸기가 두렵다. 그 어색한 분위기가 싫어서 소개팅 대신, 자연스러운 만남을 추구하는 사람이 많을 정도다. 그저 그 어려움을 있는 그대로 받아들이면 된다. 누구에게나 쉽지 않다는 사실만 인정하면 한결 마음이 편해진다. 외국인에게 말 붙이기 어려운 이유는 상대가 영어 못한다고 비웃을까 봐 염려해서다. 따지고 보면 내가 상대 말을 못 알아들으나, 상대가 내 말을 못 알아들으나 피차 일반이다. 당당하게 나가도 된다.

3

사회적 능력 2단계는 소통하기다

말문을 여는 1단계를 통과하면 이제 묻고 답하며 서로의 생각을 활발히 주고받아야 한다. 내 생각을 조리 있게 전하고 상대의 말도 열심히 경청한다. 그리 쉽지는 않다. 상대가 자신의 생각을 말로 잘 표현한다는 보장이 없고 나 역시 상대의 말을 제대로 알아들었는지 자신도 없다. 확신이 서지 않으면 다시 묻고 다시 잘 들으면 되는데, 그 어려운 소통을 적당히 대충 처리하려다 곤경에 처한다. 척 보고 아는 척하는 어설픈 일반화로 흐르거나 과거 경험에 사로잡히는 편견의 늪에 빠지고 만다. 상대가 굳은 표정을 짓고 있으면 나한테 화났나보다 넘겨짚지 말고, 무슨 안 좋은 일이 있는지 먼저 질문부터 하자. 상대가 중국음식 좋다고 하면 무턱대고 짜장면부터 시키려 들지 말고 원하는 메뉴를 다시 물어야 한다.

4

사회적 능력 3단계는 맥락파악이다

말문을 열었고, 수차례 질문하며 정확한 의미도 파악했으나 그래도 아직 마지막 관문이 남았다. 문장 자체는 완성되었지만 그 속에 숨은 의미까지 알아차려야 한다. 글자 그대로 해석하는 대신, 숨겨진 뉘앙스까지 읽을 줄 알아야 한다. 소금 좀 사오라는 말에 굵은 소금 10kg짜리 한 푸대 사들고 왔다. "어이쿠, 아주 자알 했어요." 소리 듣고 칭찬받았다며 기분 좋아하면 안 된다.

5

"오늘 동쪽 하늘이 몹시 흐리구나."

왕의 한마디에 신하들은 머리가 아프다. 왕이 한 말이니 애매한 부분을 대놓고 물을 수도 없고 그렇다고 함부로 판단하기도 어렵다. 고심 끝에 동쪽에 있는 아무개 후궁이 얄밉다는 말씀으로 합의를 보았는데, 알고 보니 오늘 사냥은 비가 안 오는 서쪽 지역으로 나가자는 뜻이었다고 하면 너무 허탈하다. 이런 식의 고맥락 언어는 상대에 대한 배려가 부족하다는 증거다. 영화에 나올 법한 특별한 상황에서 일부러 그런 말을 쓴다면 몰라도 회사나 가정에서 그렇게 모호하게 말하면 꼭 사고가 터진다. 소통의 가장 기본 마인드는 상대방 입장에서 바라보는 태도다. 상대가 내 말을 잘 이해했는지, 내가 상대방 의중을 정확히 파악했는지 계속 확인해야 한다.

잔소리 대신 현명한 솔루션

1

"아무리 방학이지만 아침밥도 안 먹고 12시까지 잠만 자면 너무 심하잖아. 어서 일어나서 밥 먹어!"

윽박질러서 쉽게 해결될 문제였다면 처음부터 고민도 하지 않았다. 허구한 날 아침마다 전쟁을 치르지만 도무지 해결책이 보이지 않는다. 문제 상황은 의외로 여러 요소가 복잡하게 얽혀 있는 경우가 많다. 단계별로 차근차근 접근해야 한다.

2

"아이가 아침 안 먹는다고 당신까지 그렇게 소리 지르고 화내면 어떡해. 이성적으로 대화를 하면서 풀어야지, 안 그래?"

그렇게 쉬워 보이면 본인이 직접 나서서 해결하라. 세상에 말로는 못할 일이 하나도 없다. 세상 모든 일이 말처럼 쉽게 풀렸다면, 누구나 대통령이 되고 달나라 여행도 진작 다녀왔어야 한다. 직접 당하고 행동해 보지 않으면 실상은 절대 모른다. 구체적인 행동을 시작하고서야 예상치 못한 변수들에 당황한다. 부엌일 쉽게 생각하고 잔소리만 일삼던 아빠가 오랜만에 고무장갑을 낀다. 냄비나 프라이팬은 어떻게 닦아야 하는지, 음식물 찌꺼기는 어떻게 모아서 버려야 하는지 하나도 모른다.

3

서로 실랑이 벌이며 갈등이 생긴 경우라면 해결하기가 훨씬 어렵다. 어디 어디에 문제가 있다고 지적하기는 쉽지만, 어떤 과정을 거쳐 어떻게 고쳐야 할지 대안을 내는 일은 전혀 별개의 문제다. 야구해설이나 문학평론, 영화비평을 하는 사람의 말만 들으면 전부 일사천리다. 저 분들이 직접 현장에 뛰어들면, 한국시리즈 우승에 노벨문학상, 아카데미작품상은 100% 따 놓은 당상 같다. 한발 물러서서 남의 행동을 평가하는 사람의 안목은 딱 거기까지다.

4

일단 진짜 문제가 어디 있는지부터 꼼꼼히 찾아야 한다. '왜왜왜왜왜' 다섯 번은 물으며 근본 원인을 찾아야 겨우 핵심에 도달한다. 아침을 안 먹는 이유는 여러 가지다. 못 일어나서 그렇다고 생각하면, 몇 시에 잠자리에 들었는지 확인해야 한다. 일찍 잠들었는데도 그렇다면, 비염이 심해 숙면을 못 취했거나 밤늦게 야식을 먹고 금방 잠자리에 들었을 수 있다. 의학적으로 해결해야 할 여러 가지 상황도 많다. 이도 저도 아니고 새벽까지 컴퓨터 게임에 빠졌을 뿐이라면 오히려 원인 분석은 쉽게 끝난다.

5

원인을 찾았으면 이제 솔루션을 고민할 차례다. 원인에 따라 병원에 가야 할지, 식습관을 바꿔야 할지, 컴퓨터 사용 시간을 제한해야 할지 선택을 해야 한다. 아무리 분석이 정확하다 해도 현실은 항상 예상과 다르게 흘러간다. 계획은 언제나 실행보다 피드백이 중요하다. 일주일간 해결 방법을 시도해 봤다면, 다시 되돌아보는 과정이 있어야 한다. 예상보다 결과가 좋지 않으면, 아직 숨은 원인이 더 있다는 뜻이다. 다시 면담을 실시한다.

6

"아, 그러니까 아침에 눈이 떠지더라도, 밥먹을 때 아빠 잔소리 듣기가 싫어서 안 나온다는 말이구나."

이제야 제대로 된 이유를 찾았다. 아빠의 일장 연설이 범인이었다. 답답한 마음이 들어도 할 수 없다. 다 너를 위한 말이었다는 변명은 일단 접어두고 아침밥 먹이기 프로젝트부터 성공시키자. 아빠가 식탁에서 날씨와 건강 이야기 외에는 꺼내지 않기로 약속하니, 아들도 밤 12시 이후로는 게임을 안 하기로 다짐한다. 비염 증상도 열심히 치료하기로 합의했다.

7

“안 봐도 뻔하지 뻔해. 허구한 날 게임 하느라 늦게 자고, 게을러서 늦잠 자느라 아침도 안 먹는 거지 뭐. 어서 일어나서 밥 먹지 못해. 얼른 안 나오면 이번 달 용돈은 없는 줄 알아!”

백 년 가도 해결 못 한다. 밑도 끝도 없이 말로 윽박지르기만 해서 문제가 해결되겠는가. 나에게는 아무 문제가 없고 상대에게 모든 잘못이 있다고 단정 지으면 이런 오류를 범한다. 가정에서, 회사에서, 사회에서 일어나는 모든 트러블의 해결 공식은 똑같다. 문제가 있다고 판단한 사람이 얼마나 성의 있게, 의지를 가지고 임하느냐에 달려 있다.

남의 신뢰를 얻으려면

1

사람은 불확실성을 싫어한다. 좋은 쪽이든 나쁜 쪽이든 어떻게라도 결판이 나야 속이 시원하다. 어디로 튈지 모르는 애매함만큼 사람을 답답하게 하는 일이 없다. 그 확실함이 꾸준함으로 이어지면 신뢰가 생긴다. 출근 시간 잘 지키는 사람이 다른 일까지 잘한다는 보장은 없지만, 최소한 그 사람 일 처리에 대한 불확실성은 사라진다. 한결같은 꾸준함이 보이면, 믿을 만한 사람이라는 인간적인 신뢰감까지 싹튼다.

2

알고 지내는 어느 의사 선생님이 계신다. 나이도 지긋하고 실력도 좋은 분이다. 환자분을 위할 줄도 알고 늘 최선을 다하는 존경스러운 분이다. 그런데 생각보다 환자가 별로 없다.

"우리 병원에는 왜 환자가 별로 없을까?" 하루는 꽤 진지하게 물으셔서 내 생각을 말씀드렸다. "원장님 골프 좋아하시잖아요. 빨간

날 앞뒤로 매번 휴진하면서 골프투어 떠나시고, 가끔은 평일 오전이나 오후에도 골프 치러 가시구요. 진료 시간이 일정하지 않으면 환자 입장에서 신뢰가 안 생길 것 같아요."

3

실제로 그렇다. 치과 임플란트 시술을 하면 환자 입장에서 AS까지 생각하게 된다. 이벤트 할인행사를 주욱 벌인 뒤 어느 날 갑자기 폐업해 버리는 경우가 있다. 한의원들도 특별한 이유 없이 1~2년을 못 넘기고 계속 이전하는 곳이 많다. 망한 것도 아닌데 그렇게 한다. 자연스럽게 환자들은 동네 병원에 불신을 가진다. 지금 내 앞에서 하는 말이 정말 맞는 말인지, 믿고 따를 만한 말인지 확신이 안 선다.

4

의심 많은 환자분이 진료 받으러 오신 적이 있다. 메모까지 하면서 내 말을 열심히 들으셨고 친절하게 설명 잘 들었다며 감사 인사까지 하셨다. 그 와중에 "그 설명이 정말 확실한 말씀인가요? 인터넷에는 다른 말도 많던데요." 도중에 이 말씀을 10번 넘게 반복하신다. 개원한 뒤 지금 이 자리에서만 20년 넘게 진료 중이라고 말씀드렸다. 45억이면 몰라도 45만 원은 거짓말하고 야반도주하기에 좀 적은 금액이라는 농담도 했다. 궁금한 내용이 있거나 몸에 이상이 생기면 언제든 찾아오시라고 했다. 그제야 빙긋이 웃으시고는 의자 등받이에 편히 기대어 앉으신다.

5

인생살이 자체가 워낙 불확실하다. 당장 내일 무슨 일이 생길지 아무도 모른다. 내 마음도 하루에 열두 번씩 변하는데 나 아닌 남을 어떻게 믿을 수 있겠는가. 3일씩 연락 끊고 잠수 타는 연인을 믿을 수 없으니 남산에 자물쇠를 채워 변함없는 사랑의 징표로 삼는다. 아직 김 대리 성실성에 확신이 없으니, 출근 시간 잘 지키는지 분 단위로 체크하며 지켜본다. 불확실성은 쓸데없이 에너지를 소모한다. 불안이 사라지고 서로 마음의 끈으로 단단히 연결되어야 관계가 튼튼해진다. 서로 신뢰하는 믿음직스러운 사람들끼리 함께하면 효율이 올라가고 일도 즐겁다.

삐딱한 멘트에는 침묵으로

1

“제육볶음이 먹을 만은 한데, 감칠맛이 약간 부족하네. 조금 짜기도 하고.”

유독 칭찬에 인색한 사람이 있다. 가만 앉아서 밥상을 받았으면 “감사합니다” 하고 맛있게 먹으면 될 텐데 기어이 미슐랭 심사위원으로 빙의한다. 음식에 무슨 대단한 문제가 있어서가 아니다. 그저 몸에 익은 고약한 습관이다. 이때 숟가락 탁 놓고 일어서며, 다음부터 직접 만들어 먹으라고 호통치면 어떨까. 홀가분하고 통쾌한 기분일까.

2

남편도 억울하다. 먹어 보니 짜서 짜다고 했을 뿐인데, 왜 짜게 느꼈냐고 다그치면 할 말이 없다. 아내의 마음을 상하게 하려는 의도는 전혀 없었다. 식사 준비를 당연하게 여기지도 않았고 진심으로 고맙게 느낀다. 다만 요즘 회사가 승진 시즌이라 머릿속이 복잡해서 평소보다 좀 예민하게 반응했을 수는 있겠다.

“예민한 사람은 자기가 아프다고, 늘 남의 아픈 곳을 찌르는 사람이다.”

— 오스카 와일드

3

삐딱한 사람 사연을 들어 보면 또 나름 이해가는 구석이 있다. 세상에 이유 없는 무덤은 없다. 상대방이 회사에서 겪은 온갖 음모와 배신 스토리를 들으면 본인이 더 흥분하기도 한다. 그렇다고 내게 불친절하게 굴 때마다 무슨 안 좋은 일이라도 생겼는지 캐물을 수는 없는 노릇이다. 그럼 어떻게 대처하면 좋을까. 무조건 참고 견디는 것이 능사일까, 아니면 속 시원히 맞받아치면서 응징해야 할까. 내가 제안하는 방법은 ‘침묵하기’다. 물론 주눅 들어 말 한마디 제대로 못하고, 고개 푹 숙인 채 조용히 밥만 먹는 그런 침묵은 아니다. 굳은 표정으로 마음에 안 든다는 표시는 확실히 보이되, 상대를 아끼는 마음에서 이 정도로 넘어가 준다는 메시지를 전한다. 빼액 큰소리 날까 내심 불안했던 상대는 오히려 이런 차가운 침묵이 더 무섭다. 흥분하고 화내면 나도 마음 상하는데 침묵하면 오히려 효과가 더 좋다.

4

가끔은 말없이 침묵해도 썰렁한 분위기를 알아차리지 못하는 사람이 있다. 할 수 없다. 그때는 분연히 일어서 맞서야 한다. 이 사태를 피하고자 최선을 다했지만 상대가 계속 정신을 못 차리면 다른 수가 없다. 다만 평소에 욱할 때마다 상대와 자잘한 다툼을 계속해온 사람은 정당하게 화를 내더라도 상대방이 눈 하나 깜짝 안 한다. 칼을 너무 자주 뽑으면 남들도 더 이상 겁먹지 않는다.

5

부당한 대접을 받을 때 가만있지 않고 상대의 사과를 받아내는 자세는 좋다. 다만, 가까이 지내는 가족이나 동료처럼 어느 정도 이해할 구석이 있는 사이라면 가끔씩은 그냥 침묵하는 정도로 넘어가도 좋겠다. 철면피에 뻔뻔한 사람만 아니면 뒤늦게라도 당신이 꾸욱 참고 봐주었다는 사실을 다 안다.

고집부리는 사람의 흔한 말투

1

"팀장님하고 이야기하다가 화병 생기겠어요. 어쩌면 저렇게 고집을 부리시는지…"

사회생활을 오래 하면 남의 생각을 들을 기회가 많아진다. 그럴수록 시야가 넓어지고 현명한 판단을 내리게 되어야 할 텐데 꼭 그렇지만은 않다. 나만의 길을 걷기로 마음을 정하면 계속 내 생각만 확고하게 지키며 고집을 부린다. 고집부리는 사람이 흔히 쓰는 말투 5가지를 살펴보자.

2

"나는 그렇게 하면 될 줄 알았지."

고집불통은 실수해도 사과할 줄 모른다. 안 좋은 결과가 생겼으니 차마 잘했다는 말은 못하지만, 그렇다고 자기 잘못으로 당당히 인정하지도 않는다. 오히려 자신이 그렇게 결정할 수밖에 없었던 과정을 늘어놓으며, 나름 최선의 행동이었다고 합리화한다. 변명 뒤에 숨어 언제나 당당하니, 피드백을 구하지도 않는다. 똑같은 일은 계속 반복된다.

"그건 당신 생각이고…."

회의 시간에 팀장 발표 후 김 대리가 다른 아이디어를 냈지만 단칼에 묵살해 버린다. 다른 사람이 말할 꺼내면 일단 경청하고 3초만 생각해 보면 좋을 텐데 감히 자신을 가르치려 든다며 괘씸하게 여긴다. 본인은 완벽하고 다른 사람은 어딘가 부족하다고 생각하니, 남의 말을 집중해서 들을 필요가 없다고 느낀다.

"길 막고 한번 물어봅시다."

소통을 잘하지 못하여 속 시원히 상대를 설득하지 못하면, 갑자기 제3자들을 판정단으로 끌어들이려 한다. 언뜻 객관적이고 합리적인 자세로 보이지만 결코 그렇지 않다. 다른 사람들이 자신의 말이 맞다고 해주면, "거봐, 내 말이 맞잖아." 하고, 자신의 편을 들어주지 않으면 "이 사람들도 똑같이 답답한 사람들이구먼" 한다. 전 국민 여론조사 결과가 나온다 한들 절대 승복하지 않는다.

"저도 열심히 했어요."

입찰가에 0 하나를 빠뜨리는 터무니없는 실수로 계약을 날렸지만 박 대리는 당당하다. 지난 일주일 매일 야근하며 누구보다 성실하게 일했으니 이 정도 실수는 그냥 넘어가야 한다고 우긴다. 성실성 같은 자신만의 기준으로 셀프 평가를 마친 사람은 어떤 일이 벌어지든 미안해하지 않는다. 결과와 상관없이 자신은 최선을 다했다며 오히려 스스로를 칭찬한다. 게으름 피우거나 놀지 않았으니 책임을 물으면 안 된다고 생각한다.

"이번에는 운이 없었을 뿐…"

시험마다 출제 경향이 달라질 수는 있지만 58점, 56점, 64점이 나왔으면 문제의 질을 따질 상황이 아니다. 기초가 허술하거나 노력이 부족하다고 인정할 만도 한데 한사코 운 탓을 한다. 본인은 완벽하게 준비를 마쳤지만 세상이 자신을 알아보지 못하고, 실력이 충분하지만 운이 없어 인정받지 못한다며 한탄한다.

3

'고집'의 반대말은 '소통'이다. 다른 사람의 다른 생각도 마음을 열고 받아들일 수 있어야 고집에서 벗어날 수 있다. 나 홀로 집에 대문을 걸어 잠근 채 버틴다고 해결될 문제가 아니다. 고집을 부린다고 틀린 말이 저절로 정답이 되지는 않는다. 무작정 자기 의견만 밀어붙이지 말고 합리적으로 조리 있게 상대를 설득할 수 있을 때, 가만있어도 사람들이 당신 주장을 따르기 시작한다.

#갑을 관계를 뛰어넘는 진실한 소통의 비밀

1

"팀장님은 정말 말이 안 통해요."

"병원에 가면 의료진들은 묻는 말에 대답을 잘 안 해줘요."

"우리 엄마, 아빠는 하고 싶은 말만 하세요."

사람들이 소통에 문제가 많다고 느끼는 관계에 묘한 공통점이 있다. 주로 한 쪽은 힘이 있고, 다른 쪽은 약자다. 팀원들 인사평가로 생사여탈권을 쥐고 있는 팀장님, 의료에 대해 비대칭적인 정보 우위를 점하고 있는 의료진, 나이로 보나 재력으로 보나 자녀에게 압도적 우위를 점하는 부모님까지 모두 권력을 손에 쥐고 있는 갑이다.

2

세상 이치로 따져봐도 너무 당연하다. 원래 아쉬운 사람은 투덜거리든 부탁하든 말이 많을 수밖에 없다. 다른 선택의 여지가 없다. 그 상대편은 그 말을 들어줄지 말지 선택할 특권을 가지고 있다. 목마른 사람이 우물을 파듯 약자가 소통을 요청하고 강자는 거만하게 버틴다. 처음부터 대등한 입장이 아니었으니 소통이 쉬울 리 없다. 한쪽은 아쉽고 다른 쪽은 아쉽지 않으니 대화는 항상 일방통행으로만 흐른다.

3

이 대목에서 한 가지 궁금증이 생긴다. 인간 사회에서 힘의 강약 논리는 석기시대 이후 변한 적이 없는데, 최근 들어 왜 소통과 대화 문제가 부각되기 시작했을까. 답은 아주 간단하다. 사상 처음으로 그 힘의 역학관계가 변하고 있기 때문이다. 팀장이 고자세를 취할 수 있었던 이유는 마음에 안 드는 팀원을 언제든 교체할 수 있는 인사권 덕분이었다. 인구가 급격히 줄고 사회구조가 바뀌면서 취업난 못지않게 구인난도 심각하다. 이제 윗사람이라고 거만하게 팔짱 끼며 유세 부릴 입장이 아니다. 그대로 사표 쓰고 나가 버릴까 걱정하면서 말 한마디 조심하고 늘 눈치를 살핀다.

4

의료진이 가진 권위는 대체 불가능한 전문성과 높은 진입 장벽 영향이 컸다. 어느 순간 각종 미디어와 인터넷, 유튜브에서 깊이 있는 정보들을 쏟아내기 시작하자 일반 국민의 정보 접근성이 갑자기 좋아졌다. 누구든 조금만 노력하면 의료진이 공부하는 책과 논문을 모두 섭렵할 수 있는 시대가 열렸다. 또한 인구감소 영향으로 환자 수가 뚝뚝 떨어지는 반면, 의료진 숫자는 차곡차곡 늘어나고 있으니 이 역시 엄청난 타격이다. 발등에 불이 떨어지자 의료진도 소통에 관심을 가지게 되었다. 상황이 안 좋은 의료진일수록 환자에게 더 친절할 수밖에 없다.

5

부모는 오랫동안 유지되어 온 가부장적인 유교 사회 전통의 혜택을 입었다. 자녀는 부모에게 감히 대들면 안 된다는 원칙에 따라, 부모는 그 부모에게 순종했고 마찬가지로 자녀에게도 무조건적인 복종을 기대했다. 지금 젊은 세대는 더 이상 가만있지 않는다. 아무리 부모의 말이라도 부당하면 목소리를 크게 내고, 아니다 싶으면 뛰쳐나간다. 우리나라 세대구성 중 1인 가구 비율이 어느새 40%를 넘었다. 어느 젊은 여성은 고지식한 아버지와의 오랜 갈등 끝에 원룸을 얻어 독립해 버렸다. 알바로 200만 원 벌어 월세 내고 용돈 쓰면 괜찮다고 말한다. 설마 하던 아버지는 딸이 진짜 집을 나가자 한 달 만에 고개를 숙이고 대화를 청했다.

6

사람은 서로 건강하게 생각을 주고받으며 소통해야 한다. 힘의 논리에 따라 아쉬우면 말을 꺼내고 아쉽지 않으면 입을 닫아 버리니 대화가 제대로 되지 않는다. 엄밀히 말해 소통이라기보다 강동 6주를 걸고 회의장에 들어선 서희 장군식 비장한 담판만 이어진다. 지금은 소통 시대다. 아무 대가 없이 인격적으로 상대를 존중하며 진솔한 대화를 건네는 사람이 대접받는다. 어떻게 잘 부려먹을까 잔머리 쓰는 멘트 대신, 정말 나의 미래를 걱정하고 안부를 묻는 팀장님을 존경한다. 진료비 받을 여지도 없는데 30분이나 시간을 내어 조언을 아끼지 않는 의료진을 찾아다닌다. 본인 생각과 조금 다르더라도 자녀 의견에 귀를 기울이며 끝까지 이성적 대화를 이어가는 부모가 자녀의 사랑을 받는다.

웨이터의 법칙

1

"소개팅 한번 해 볼래?"

숨막힐 듯한 맞선자리가 아니라서 부담 없기도 했지만, 친구가 미리 보여 준 카톡 사진이 마음에 들어 단숨에 OK했다. 너무 잘 생겼다. 오랜만에 미용실에서 풀메이크업하고 그를 만났다. 피아노 선율이 은은한 레스토랑에서 저녁을 먹으며 여러 가지 이야기를 나누었다. 어머나 세상에, 예의 바르고 상식까지 풍부한 사람이다. 도대체 어디 꼭꼭 숨었다가 이제야 나타났을까.

2

"아니, 당신 지금 뭐하는 거야!!"

갑자기 그가 큰소리를 내며 조용조용한 음식점의 적막을 깨뜨린다. 서빙하던 웨이터가 실수로 양복에 와인을 쏟았다. 백발의 웨이터가 어쩔 줄 몰라 하며 사과하고, 매니저까지 달려와 보상하겠다고 말했지만 막무가내다. 머리가 희끗한 웨이터 아저씨에게 끝까지 막말을 퍼붓는다. 오만 정이 다 떨어진다. 그럼 그렇지, 오늘 나를 만나기 위해 오랫동안 숨어 있던 운명의 상대가 아니었다. 다들 저런 실체를 진작 알아보고는 거들떠보지도 않은 채 내버려 둔 사람일 뿐이다.

3

'웨이터의 법칙'이 있다. 낮은 지위의 상징인 웨이터를 예로 들어, 본인보다 힘이 약한 사람을 대하는 태도 하나만 보아도, 숨은 인성까지 잘 알 수 있다는 내용이다. 조심하고 신경 써야 할 자리에서 보이는 태도는 가면을 쓴 가짜 모습에 지나지 않는다. 굽실거리지 않아도 괜찮은 상대에게 어떻게 대하는지 그 자세를 보아야 진짜 인간성을 알아차릴 수 있다. 맞은 편에 아무리 어려운 사람이 앉아 있어도, 옆자리 지위 낮은 사람이 사소한 잘못이라도 저지르면 금방 본색을 드러낸다. '강약약강'의 이중적인 태도는 좀처럼 숨기기 어렵다.

4

이 웨이터 법칙은 미국의 CEO 빌 스완슨이 말한 『책에서 찾을 수 없는 비즈니스 규칙 33가지Bill Swanson's Unwritten Rules of Management』에 나오는 내용이다. 저자는 책의 나머지 규칙들에는 예외가 있지만, 이 웨이터 법칙만은 항상 맞다며 특히 강조하고 있다. 세상에 존재하는 모든 사람은 딱 두 가지 부류로 나눌 수 있다. 바로 나 자신, 그리고 나 이외의 세상 사람 모두다. 누구든 자기 자신은 소중히 여길 테니, 본인 외의 사람을 대하는 태도가 그 사람의 인간 됨됨이 평가의 핵심이다. 이해관계와 상관없이 한결같은 모습을 보여야 비로소 믿을 수 있다. 상대의 지위 권력에 따라 태도가 바뀌는 사람이라면, 고민할 필요 없이 냉정하게 돌아서야 한다. 지금 나에게 잘 보이려고 하하호호하고 있지만, 나에게 더 이상 얻을 것이 없다고 생각하는 순간 저 웨이터처럼 대할 테니 말이다.

5

매년 명절을 앞두고 나는 작은 선물 여러 개를 준비한다. 택배기사님, 상가 청소 아주머니, 관리소장님, 주차장 관리 아저씨…. 늘 도움을 주시는 분들에게 작은 마음을 전하기 위해서다. 음흉한 속셈이나 잘 보이고 싶은 기대심리는 없다. 그저 기본적인 예의라고 생각할 뿐이다. "어이쿠, 이런 선물은 처음 받아보네요. 제가 챙겨드려야 하는데, 정말 감사합니다." 약소한 선물이지만 토끼 눈으로 감사히 받아 주시면 며칠 동안 내 가슴 한 켠이 따뜻해진다. 나에게 힐링을 선사해 주셨으니 내가 더 감사할 따름이다.

상처받지 말고 무시해도 되는 유형 5가지

1

“도대체 제가 무슨 잘못을 했길래, 저렇게 말씀하시는 거죠?”

힘내라, 당신 잘못이 아닐 수도 있다. 겸손하고 예의 바른 당신이 혼자 마음 쓰고 상처받을 필요 없다. 다음의 5가지 유형에 속하는 사람은 그냥 무시하고 넘겨도 괜찮다.

2

첫 번째, 악담을 일삼는 사람

‘무플보다 악플이 낫다’는 말도 있지만 다른 사람에게 아무 말이나 함부로 해도 괜찮다고 생각하면 곤란하다. 사실이든 아니든 비난하고 공격하는 말을 듣고서 룰루랄라 기분 좋을 사람은 아무도 없다. 나의 발전을 위한 진심 어린 조언에도 귀를 기울일까 말까 고민할 판에, 말도 안 되는 악담에 마음 아파하면서 아까운 우리 인생을 낭비할 필요가 없다.

3

두 번째, 입이 험한 사람

"어제 지하철에서 싸움이 났는데, 이 사람이 XXX야 욕하니까 저 사람도 $$$ 욕하고… 난리도 아니었어."

비속어나 욕설은 그 단어를 듣는 자체가 스트레스다. 평소 그런 말을 자주 쓰는 사람의 말은 당연히 불편하다. 간혹 제3자의 말이나 영화의 한 장면을 인용하느라 잠시 그런 말을 입에 담기만 해도 영 듣기가 싫다. 아무리 남의 말을 옮기는 상황이라 하더라도 비속어나 욕설을 거침없이 내뱉는 사람은 조심해야 한다. 나와의 관계가 틀어지거나 이해관계가 충돌하는 일이 생기면 언제든 내게도 그런 말을 할 수 있는 사람으로 보아야 한다.

4

세 번째, 항상 꼬투리 잡는 사람

"벽에 그림 가지런하게 잘 걸었네. 그런데 약간 비뚤어진 느낌이야, 한 0.003도쯤?"

처음부터 '비뚤어질 테다!' 작정하고 세상을 바라보는 사람이 있다. 아무리 예쁘고 멋진 사람을 만나도 희한하게 그의 눈에는 오른

쪽 새끼발가락 약간 틀어진 부분만 눈에 들어온다. 그 누구도 그의 비판을 빙자한 비난에서 자유로울 수 없다. 자존감이 낮은 사람은 어떻게든 상대를 깎아내려, 자신과의 눈높이를 맞추려고 애쓴다. 내가 아닌 그의 잘못이다.

5

네 번째, 무관심한 사람

누구든 자기 앞가림하며 살기 바쁘다. 남의 일에는 별 관심이 없다. 그 와중에 유독 자기 주위로만 좁게 가로등을 켜고, 세상 사람 모두는 어둠 속에 내버려두는 사람이 있다. 남들이 어떻게 살든 말든 본인 일이 아니면 신경 쓰지 않겠다는 주의다. 간혹 나에게 큰일이 생겼을 때, 아무 연락 없다고 서운해하지 말자. 나에게 무슨 불만이 있어서 일부러 침묵시위 한다고 오해하면 안 된다. 당신 마음이 정 불편하면 알아서 연락해 오길 기다리지 말고, 먼저 말을 걸어 버리면 된다.

6

다섯 번째, 자기 말만 하는 사람

대화하는 30분 내내 본인 말만 늘어놓는 사람이 있다. 상대가 관심이 있든 말든 상관하지 않는다. 그저 자신이 하고 싶은 말만 마음껏 쏟아낸다. 오늘 나를 만난 이유는 서로 소통하기 위해서가 아니었다. 그저 본인 하소연을 일방적으로 들어줄 누군가가 필요했을 뿐이다. 끝까지 예의 차리고 들어주며 자리를 지키지 않아도 된다. 더 이상 그 사람의 '감정 쓰레기통'이 되지 말자. 나는 남의 쓰레기통 노릇할 사람이 아니라 달항아리 같은 귀한 몸이니까.

평정심에 대한 오해

1

"지난주에 연주 씨와 헤어졌다며, 괜찮아? 3년이나 만났잖아."

무슨 일이 생겨도 항상 같은 표정인 사람이 있다. 남들은 포커페이스라고 부른다. 어지간한 일로는 기쁘거나 슬픈 티를 내지 않는다. 과연 평정심의 초고수라고 부를 수 있을까.

2

우리나라에는 전 세계 어디에도 없는 독특한 병명이 하나 있다. 한글 발음 그대로 국제적인 공식명칭이 되었을 정도다. 바로 '화병'이다. 500년 전에는 그런 병으로 고생하는 사람도 존재했었다는 국사책 속의 단어가 아니다. 바로 지금 이 순간에도 화병으로 고생하는 한국인들이 그렇게도 많다. 희한하게도 우리나라에는 남에게 감정을 드러내지 않고 혼자 묵히는 분위기가 만연하다. 큰일이 생겼을 때 감정 변화 없이 센 척하는 사람은 마음의 평정을 유지하는 상태가 아니다. 꾸욱 참고 있을 뿐이다. 그 결과가 바로 화병이다.

3

평정에 대해 오해하면 안 된다. 창문도 없는 작은 방에 들어갔다고 상상해보자. 사방이 깜깜하여 아무것도 보이지 않고 그 어떤 소리도 들리지 않는다. 지금이 낮인지 밤인지 분간도 안된다. 심지어 중력도 사라져 내 몸이 허공에 둥둥 떠다니고 있다. 이 정도 상태라면 지진이 나든 태풍이 몰아치든 나는 항상 고요하다. 겉으로는 지극히 평화로운 감정 상태를 유지하는 듯 보이지만 실상은 다르다. 세상에서 완전히 격리되어 그 어떤 일에도 영향을 받지 않는 상태다. 살면서 겪은 트라우마의 결과, 성벽을 높이 쌓고 단단한 껍질 속에 들어간 사람들이 흔히 보이는 태도다.

4

감정은 맞서 싸워 이기는 대상이 아니다. 이른 아침 산들바람처럼 내 몸을 부드럽게 관통해 지나가도록 허락해야 한다. 내 마음에 못 들어오게 창문을 틀어막거나, 억지로 등 돌리고 외면하려 들지 말자. 그저 그 감정에 너무 지나치게 '사로잡히지만 않으면' 좋겠다. 감정의 노예가 되면, 메뚜기떼가 지나간 듯 내 마음을 폐허로 만들고 만다. 마음에 상처를 입었는지 여부는 어떻게 알 수 있을까. 넘어져 무릎을 다칠 때처럼 피가 철철 흐르지도 않는데 말이다. 의료진이 환자를 진찰할 때 중요하게 체크하는 부분이 몇 가지 있다.

- 술 담배 게임 같은 쾌락에 빠져들었는지? (정서적 현실도피)
- 잠을 못 자고 입맛이 뚝 떨어졌는지? (호르몬 영향)
- 몸 여기저기 불편 증상이 동시다발적으로 생겼는지? (스트레스 이상)

5

중년의 여성 환자분이 찾아오셨다. 몇 가지 말씀을 듣다 보니 큰 트라우마의 흔적처럼 보였다. 넌지시 여쭤보니 몇 달 전 친정엄마가 돌아가셨다고 한다. 가뜩이나 갱년기 증상으로 괴로운 와중에 몸 전체가 너무 힘들다고 하신다. 병원 검사에는 아무 이상도 안 나오고 하루하루 도저히 못 견딜 정도라며 하소연하신다.

"그냥 우셔도 괜찮아요." 갑작스러운 내 말 한마디에 눈을 동그랗게 뜨시더니, 이내 눈동자가 발갛게 물들기 시작한다. 아무 말 없이 10분 동안 눈물만 펑펑 흘리셨다. K-장녀로 의연하게 살아온 그 분은 한평생 모든 감정을 속으로 삭였다. 어디 하소연도 못 하고 괴팍한 친정엄마에게 계속 시달리며 지낸 인고의 세월이었다. 불만 한마디 털어놓지도 못한 채 그대로 돌아가시고 나니 이제야 가슴속 응어리가 요동치기 시작한다. 몸의 증상은 약 처방으로 도와 드리겠지만 심리적인 부분은 스스로 이겨내야 한다. 감정의 흐름을 인정하고 떠나보낼 줄도 알아야 한다. 흐르는 강물은 흘러가도록 자연스럽게 내버려두는 편이 제일 좋다.

너의 이름은

1

“영구야, 정말 오랜만이다. 잘 지내지?”

“아, 그래… 너도… 잘… 지내…지?”

분명 동창은 확실한데 이름이 기억나지 않는다. 저리도 환하게 웃으며 인사 하는데 이렇게 쭈뼛거리고 있다. 내 이름 ‘영구’가 5천만이 다 아는 호칭이다 보니, 10년 만에 마주친 사람도 1초 만에 이름을 기억해 낸다. 내가 상대방 이름을 바로 떠올리지 못하면 기분 나빠하는 경우도 있다. 나에게만 너무 불리한 게임이다.

2

어느 순간 고개를 푹 숙이고 다니는 버릇이 생겼다. 보고도 이름을 기억하지 못하는 사태를 예방하려면 아예 눈을 마주치지 말아야 한다. 그 이상의 해결책이 필요했다. 메모를 시작했다. 누구를 만나든 나만의 단어로 그 사람 이름은 물론, 당시의 상황들까지 최대한 기록으로 남겼다. 환자 진료를 마치면 남편의 골프 타수와 시어머니 노래방 18번까지 적어 놓는다. 누군가 나의 자잘한 일들까지 기억해 주는데 기분 나빠할 사람은 없다. 진료가 끝나면 그날 오신 환자분들의 몸 상태와 신상기록까지 다시 복습했다. 매일매일 반복하니 저절로 외워지기 시작했다.

3

20대에는 막연히 남에게 잘 보이고 싶어 사람들 메모를 시작했는데 어느 순간 상대방이 정말 궁금해졌다. 이미지 관리 차원이 아니라 만나는 사람 한 분, 한 분에게 자연스러운 관심이 생겼다. "작년 초 코로나 걸려서 고생하셨잖아요. 그 뒤로 기침 같은 후유증은 없으세요?" 허리 아파 오신 할머니에게 저절로 안부 인사가 튀어나간다. 이제 구태여 적어 놓은 메모를 들여다볼 필요도 없다. 상대방 얼굴을 보는 순간, 웬만하면 중요한 사실들이 즉각 떠오르는 경지에 이르렀다.

4

인간관계의 핵심은 관심이다. 시어머니 생신, 장모님 제삿날은 서울대 나왔다고 더 잘 기억나지 않는다. 마음이 쓰이면 어떻게든 잊지 않으려고 스마트폰에 기록이라도 한다. 애정이 선을 넘으면 노력하지 않아도 마음속에 각인되어 버린다. 눈앞의 그 사람에게 의무감이 아닌 인간적 관심이 생길 때, 우리는 그 사람의 이름을 부른다. 내가 그의 이름을 불러주었을 때 그 순간부터 그는 남이 아니다. '나에게로 와서 꽃이 된다.' 누구든 나에 대해 잘 기억하지 못하면, 그것은 기억력이 아니라 애정의 문제다. 그 사람에게 내가 더 잘해야 한다.

5

한의원 사인물에 하자가 생겼다. 인테리어를 해주신 담당자분께 AS 관계로 연락을 했다. 오셔서 상황을 살펴보신 뒤 견적과 수리 일정을 의논한다. "참, 그때 어머니께서 대장암 수술하신다면서, 저한테 몇 가지 질문하셨잖아요. 수술은 잘 받으셨어요?" 어떻게 그 오래전 일을 다 기억하시느냐며, 화들짝 놀라신다. 잘 지내신다고 하니 그것으로 됐다. 우리는 이런 이야기를 들을 때 그 뒷이야기는 궁금해하지 말아야 한다. 가슴 훈훈한 이야기를 들으면 제비가 박씨를 물어다 주고 결말이 나길 기대한다. 나 역시 그런 인사말을 던지고서 '이 정도 마음 씀씀이를 보여 드렸으면, AS 비용은 좀 빼주시겠지?' 그런 기대는 갖지 않는다. 은근히 그런 결말을 기대했다면 순수한 관심이 아니다. 그저 얄팍한 처세술에 지나지 않는다. 말을 듣는 상대방도 금방 알아차린다. 하나도 안 고맙다.

내 마음의 리셋버튼

1

"선생님, 어디 몸이 안 좋으세요? 표정이 어두우세요."

"아, 아니에요. 앞의 환자분이 진료 중에 너무 억지를 부리셔서…"

면허를 따고 환자 진료를 시작한 지 얼마 되지 않았을 때, 이런 실수를 자주 저질렀다. 많은 환자를 대하려면 매 순간 새로운 마음이어야 하는데, 5분 전 불편했던 그 마음이 아직 남아 있다. 프로답지 못한 행동이다.

2

'개같이 살자.'

광고인 박웅현 님이 자주 하시는 말씀이다. 개는 어제 꼬리친 사실을 후회하지 않고, 밥 먹을 때는 지금 이 밥만 먹고 곧 죽을 듯 열심히 먹는다. 밥 먹을 때 잠자리 걱정하고, 잠들 때 일할 걱정하면 매 순간 집중하지 못한다. 수업 시간에 다른 과목 공부하는 학생치고 성적 잘 나오는 경우 못 봤다. '그리스인 조르바'가 사는 방식이 이런 '개 같은 삶'이다. 그에게는 항상 지금 이 순간 일어난 일이 전부다. 어제도 내일도 아닌, 바로 지금에만 집중한다. 진정한 까르페 디엠의 삶이다.

3

"어제의 홈런은 오늘 경기 승리에 아무 도움이 안 된다."

홈런왕 베이브루스가 남긴 명언이다. 한두 경기 큰 활약을 하면 우쭐해지기 마련이다. 연습을 게을리하며 폼이 흐트러진다. 급격한 슬럼프로 이어져, 제 실력을 다시 회복하지 못하는 선수도 많다. 과거의 영광을 잊고 매 순간 집중하며 최선을 다하는 자세가 중요하다. 승리의 그 짧은 순간이 생의 유일한 목적이었다면, 그 이후 목표 없는 삶을 살게 된다. 고등학교까지 죽어라 공부하던 우등생이, 대학 가서 F학점의 폐인이 되는 경우를 수도 없이 본다.

4

컴퓨터는 전원 버튼만 누르면 모든 작업이 끝난다. 램메모리에서 돌아가던 프로그램과 데이터는 모두 날아간다. 다시 켜면 백지상태로 돌아와 있다. 새로운 상태에서 다른 작업을 시작하면 된다. 만일 이전 데이터가 지워지지 않고 차곡차곡 쌓인다면, 메모리 부족으로 문제가 생긴다. 사람도 매 순간 마음속 리셋버튼을 눌러 잡다한 감정의 흔적을 지워야 한다. 성공에 취해도 안 되고, 실패에 좌절할 필요도 없다. 그저 지금 내가 해야 할 일에만 최선을 다하면 된다.

5

조심할 부분이 있다. 순간에 충실하라는 조언과 뻔뻔해지라는 말은 전혀 의미가 다르다. 다른 사람 발을 밟아 고통을 주고는, 이미 지나간 일이라며 태연한 표정을 짓고 있으면 안 된다. 과거에 한 행동의 결과가 지금 눈앞에 펼쳐져 있다. 지금에 충실한 사람은 현재의 그 결과를 기꺼이 인정하고 잘 수습하기 위해 최선을 다한다. 잘못한 일이라면 백번 사과라도 해야 한다. 자책하며 골방에 틀어박혀 있다고 이미 저지른 일이 저절로 없던 일처럼 되지는 않는다. 지금까지 영광을 누렸든 아쉬운 시간을 보냈든 상관없다. 정신 바짝 차리고 지금 당장 일어나 책상 정리와 설거지부터 시작하자.

개방과 포용

1

“어떻게 생각하는지 의견을 한 번 말해 보세요. 저는 아주 개방적인 사람이니까 편하게 말씀하셔도 괜찮아요.”

세상 사람들은 자기 자신에 대해 몰라도 너무 모른다. 스스로를 오픈마인드라 칭하는 사람치고 꽉 막히지 않은 사람 거의 못 봤다.

2

개방성과 관련된 항목으로 ‘게이 지수’가 있다. 전체 인구 중 동성애자의 비율을 표시하는 수치로, 국가나 도시의 개방과 다양성을 평가할 때 자주 인용한다. 이 지수는 그 사회가 동성애자까지 포용할 만큼 다양한 가치와 의견을 받아들일 수 있다는 의미로 해석한다. 동성애를 극복했다면 성별, 종교, 인종 등은 가뿐히 뛰어넘을 수 있다. 참고로 2019년 랭킹에서 한국은 197개국 중 아제르바이잔, 요르단, 파키스탄 등과 함께 공동 122위다.

3

토론토대학의 어느 교수가 IT 기술개발과 게이 지수의 상관관계를 분석해 보았다. 예상대로 거의 일치하는 것으로 나타났는데, 그 대표적인 도시가 바로 실리콘밸리가 있는 샌프란시스코였다. 신기술의 대명사인 IT가 발달하려면 엉뚱하고 황당해 보이는 아이디어까지 품을 수 있어야 한다. 게이 지수가 높은 도시는 포용력tolerance이 높으니 재능talent있는 천재들이 모여들기 마련이다. 결국 기술technology이 발달할 수밖에 없다는 3T 이론으로 요약할 수 있다. IT 기술 이외 다른 분야에도 적용할 수 있는 뛰어난 통찰이다.

4

개방의 힘은 어느 시대, 어느 장소에서도 쉽게 증명된다. 네덜란드는 '칼뱅주의'로 시작한 종교의 자유를 요구하며 결국 스페인에서 독립한다. 종교 때문에 억압받던 수많은 인재와 자본이 네덜란드로 몰려들면서 세계를 지배하기에 이른다. 영국이나 캐나다, 프랑스도 마찬가지다. 다른 나라들보다 더 개방적이고 포용적이다 보니, 지금도 수많은 한국인들이 이민을 고민할 때 먼저 떠올리는 국가들이다. 반면 우리나라는 개방이나 다양성이 많이 부족하다. 거창하게 이념, 종교, 성별까지 거론하지 않더라도 '같은 부족'끼리 모이려는 경향이 아주 강하다. 지리적 여건 때문에 어쩔 수 없었다. 일본만 섬나라가 아니라 우리나라도 결국 섬에 가깝다. 고립된 지역일수록 남을 경계하기 마련이다.

5

이런 다양성은 회사와 가정의 차원에서도 중요하다. 과연 우리 회사에는 여러 학교 출신이 들어와 있는지, 다양한 전공자가 뒤섞여 있는지부터 살펴보자. 우리 아이 키울 때 시험점수 외에 문화, 예술, 체육, 역사 같은 다양한 분야를 골고루 접하게 하고 있는지 생각해 보자. 내 생각과 다른 의견을 말하는 김 대리와 배우자에게 버럭 화부터 내지 않고 차분하게 생각을 들을 수 있는지 반성해 보자.

6

개방의 반대말은 외골수, 고집불통이다. 내가 알고 있는 내용만 옳고, 나머지는 전부 틀리다고 한다. 나에게는 저 사람이 틀렸고 저 사람에게는 내가 틀렸다. 서로가 틀렸다고 바라보면 모두 모래알처럼 흩어지고 만다. 시야를 넓게 하고 마음을 열자. 서로 따스한 눈빛으로 이해하고 존중하면 모두 함께할 수 있다. 다른 것은 틀린 것이 아니다.

이기적인 사람

1

"여기 징검다리 휴일하고 저기 빨간날 다음날에 연차 좀 쓸게요."

어쩌면 저리도 뻔뻔할까 싶다. 달력에 빨간 날만 보이면 그 앞뒤 연차는 무조건 김 대리 몫이다. 그러면서 야간 시간에 해외 지사 전화 받을 사람 정할 때는, 온갖 핑계를 대며 기가 막히게 잘도 빠져나간다. 무조건 본인만 제일 편하려고 한다. 남 생각은 1도 안 한다. 남이야 힘들든 말든 나만 좋으면 끝이다. 이렇게 이기적인 김 대리, 어떻게 하면 좋을까.

2

이기적이라는 말부터 다시 한번 풀어보자. 자칫 남에게 피해를 끼치는 빌런 캐릭터로 생각하기 쉽지만 그렇지는 않다. 남을 괴롭히려는 사악한 마음은 없다. 그저 자기 잇속 챙기느라 타인이 안중에 없을 뿐이다. 이런 패턴을 '자기중심적 사고'라고 한다. 나의 생각과 판단의 기준이 오직 나 한 사람으로 정해진 사람이다. 세상 전체 불이 꺼지고 오로지 본인만 핀조명을 받고 있다고 생각한다.

3

남 생각 안 하는 극단의 유형이 바로 소시오패스와 사이코패스다. 소시오패스는 이기적인 사람과 달리 객석 조명까지 훤히 다 켜진 사람이다. 나 이외에 다른 사람도 내 눈에 다 들어온다. 내 행동이 남에게 피해를 준다는 사실도, 잘못된 행동이라는 사실도 모두 다 안다. 다만 속으로 찔리지 않고 당당히 행동하는 점이 특이하다. 양심의 가책을 전혀 느끼지 않는다. 반면 사이코패스는 훨씬 심각한 유형이다. 엄밀히 말하면 머릿속 뇌 기능 중 일부에 이상이 있는 사람이다. 선천적으로 신체 일부가 불편하게 태어난 사람이 있듯, 충동을 조절하고 판단을 담당하는 뇌 영역이 처음부터 제 역할을 못 하는 사람이다. 사이코패스는 일종의 선천적 결함이므로 그리 흔하지는 않다. 반면 소시오패스는 선천적으로 그렇게 타고난 유형이 아니라 성장 과정에서 그렇게 만들어진 결과다. 보통은 학대나 트라우마가 원인으로 우리 주위에서 너무도 흔히 볼 수 있다.

4

사람은 누구나 이익에 흔들린다. 『역사』라는 명저를 남긴 그리스의 철학자 헤로도토스는 인간 본성에 대해 이렇게 평한다.

"우리의 목적은 언제나 하나다. 자신의 이득에 따라 행동한다. 상대를 속여 이득이 될 것 같으면 거짓말을 하고, 상대에게 믿음을 얻어 이득이 될 것 같으면 진실을 말할 뿐이다. 이득에 따라 정직한 사람이 거짓말을 하기도, 거짓말쟁이가 정직해질 수도 있다."

5

김 대리 행동은 당연히 비난받을 만하다. 그렇다고 무작정 손가락질만 할 것이 아니라 대안을 제시할 수 있어야 한다. 연차를 내는 방식에 대해 사무실 내부적으로 규칙을 정해 놓으면 된다. 합리적인 방식을 서로 합의한 뒤, 그 룰을 따르지 않을 때 잘못이라고 말해야 앞뒤가 맞다. 심지어 김대리 입장에서는 억울해할지도 모른다. 본가가 땅끝마을이고 처가가 거제도라, 왔다 갔다 하려면 명절 연휴에 하루 휴가를 붙여도 빠듯하다. 야근을 피하는 행동에는 요양병원 입원 중인 어머니 병간호를 해야 하는 속사정이 있을 수 있다.

6

완전한 철면피의 이기주의자도 일부 있겠지만 서로 처한 상황이 달라 이해관계가 부딪치는 경우도 많다. 서로서로 자기 말이 옳고 상대가 억지를 부린다고 말한다. 그래서 법이 필요하다. 우리나라 소송은 한 달에 민사 15만, 형사 5만 총 20만 건이다. 1년이면 240만, 양측 따지면 480만, 그 가족까지 생각하면 1천만 훌쩍이다. 5천만 명 중 5분의 1이 1년에 한 번 이상 송사에 시달리고 있다. 다들 자기가 옳다 말을 하지만 입장 바꿔 생각하면 상대 입장 역시 전혀 이해 못 할 바도 아니다. 조금만 여유를 가지고 자기 자신을 한번쯤 돌아보면 좋겠다.

남이 내 앞에서 말이 없어지는 이유

1

"어휴, 저 사람하고는 도무지 말이 안 통해. 무슨 말만 하면 꼭 싸우게 된다니까."

주위에 이런 사람 꼭 한 명씩 있다. 이야기하기 곤란한 특별한 주제를 꺼내지도 않았지만 상대의 마무리 멘트는 언제나 똑같다. 무슨 말인지 알았으니 이제 그만 좀 하라며 썰렁한 분위기로 끝낸다. 도대체 누구 잘못인가.

2

박 대리는 나와 사고방식 자체가 완전히 정반대다. 옷 입는 취향부터 좋아하는 점심 메뉴까지 사사건건 전부 다르다. 사무실 사람들 모두 우리 둘이 이야기하면 긴장하지만, 의외로 우리는 1시간이고 2시간이고 수다를 잘도 떤다. 오히려 김 대리는 나와 기본 생각이 거의 비슷한 편인데도 무슨 말을 하든 별것도 아닌 사소한 일로 사사건건 대립한다. 오해부터 버려야 한다. 사람끼리 부딪치는 이유는 생각이 달라서가 아니다. 문제는 항상 말하는 방식과 상대를 대하는 태도에 있다. 상대를 예의 바르게 존중하며 자신의 생각을 차근차근 말하기만 하면 민감한 메시지를 던지더라도 그리 거북하지 않다. 남과 사사건건 충돌하는 사람들에게 흔한 대화 유형 3가지가 있다.

3
첫 번째, 비난 남발형

"이 대리는 패션 감각이 왜 그래? 매일 빨간 넥타이만 하네."

똑같은 말을 해도 꼭 비아냥과 비난을 섞는 사람이 있다. 감정을 걷어낸 비판은 얼마든지 해도 좋다. 비판은 자신의 생각을 밝히는 소통의 일부다. 비난은 비판과 전혀 다르다. 비판이 사실에 기초한 객관적인 평가라면, 비난은 자신의 가치관에 입각하여 악의적으로 말하는 방식이다. 비판끼리 만나면 건전한 토론이 되지만 비난이 끼어들면 말싸움만 남는다.

4
두 번째, 고집불통형

"이 대리는 항상 빨간 넥타이만 사는구나."

비난 없이 사실만 말해도 상대가 답답할 수 있다. 주로 자신의 판단에만 꽂혀 다른 의견 자체를 허용하지 않을 때다. 이 대리 넥타이 20개 중 빨간색은 5개밖에 안 되는데 항상이라는 표현을 고집한다. 본인 말에 토를 달면 모조리 틀렸다고 몰아붙인다. 사람마다 관점이 다를 수밖에 없지만, 자신의 생각만 정답이라고 우기면 상대는 무시당한 듯 기분이 나쁘다.

5

세 번째, 내 마음 투사형

"나는 빨간 넥타이 매는 사람 보면, 도무지 이해가 안가더라구."

비난이나 고집이 없어도 상대는 당황할 수 있다. 눈앞의 상황에 아무 문제가 없는 데도, 구태여 이상하다고 말한다. 말하는 사람 마음속의 트라우마가 작동할 때다. 이전 직장에서 자신을 엄청 괴롭히던 '빨간 넥타이의 악마, 조 팀장'이 떠올라서 그렇다. 내 마음속 깊숙이 숨어 있던 불편한 기억이 눈앞의 상대에게 덮어쓰기된 상황이다. 누가 말해 주어도 쉽게 인정하지 않는다. 색안경을 끼고 있다는 사실을 망각하면 눈에 보이는 광경이 실제 세상이라고 착각한다.

6

말버릇과 사고방식, 마음 자세를 스스로 바로잡아야 건전한 소통을 할 수 있다. 대화할 때 이런 바이러스에 하나둘 오염되기 시작하면 어느새 다른 사람들이 내 앞에서 말문을 닫기 시작한다. 내가 입을 열자마자 다들 말수가 적어지고 하나둘 자리를 뜬다. "내 말이 진리이니 다들 할 말이 없을 수밖에 없지." 착각에서 벗어나지 못하면 점점 꼰대 지수만 높아진다.

정말 나를 걱정해 주는 사람일까?

1

"진짜 오랜만이다. 나 기억 안 나? 우리 ○○중학교 같은 반이었잖아."

얼굴도 기억 안 나는 동창에게 전화가 걸려 온다. 어쩐지 벨소리부터 심상치 않았다. 오랜만에 어색한 인사를 나누다 갑자기 건강 안부를 묻는다. 변비 때문에 조금 불편하다고 하자, 장에는 물이 중요하다며 갑자기 급발진한다. 이번에 새로 나온 정수기 설명을 시작하며 싸게 들여놓으라고 말한다.

2

"래자불선 선자불래(來者不善 善者不來)"

청나라 때 조익이라는 사람이 한 말이다. 누군가 나에게 먼저 다가오면 선한 사람이 아니고, 선한 사람은 결코 나를 위해 먼저 나서지 않는다는 뜻이다. 누구나 자신의 이익에 따라서만 인간관계를 만들어 간다는 의미다. 너무 냉정한 말처럼 들리지만 학교를 졸업하고 사회생활을 오래 하면 할수록 정확히 들어맞는 상황을 자주 겪게 되니 너무 안타깝다.

3

그렇다고 무조건 색안경을 끼고 사람을 볼 필요는 없다. 세상 사람 중에 순도 100% 악의나 선의로 구성된 사람은 없다. 내가 어떤 눈으로 어떤 면을 바라보는지에 따라, 같은 사람도 다르게 보인다. 좋은 마음을 가진 사람은 상대의 좋은 면만 눈에 보이고, 삐딱한 눈을 가진 사람은 구태여 안 좋은 면만 찾아낸다.

"오늘 보니 대사의 얼굴이 돼지처럼 보입니다."
"전하는 부처님처럼 보이십니다."

이성계가 무학대사에게 썰렁한 조크를 먼저 날렸지만, 무학대사는 화내거나 흥분하는 대신 반전 멘트로 받아넘겼다. 이성계가 그렇게 반응한 이유를 묻자 그 유명한 대답이 나온다.

"부처님 눈에는 부처님만 보이고, 돼지 눈에는 돼지만 보이는 법."

4

착하고 순진한 사람은 세상의 선의를 믿는다. 모든 사람의 밝고 긍정적인 부분만 본다. 나쁜 마음으로 접근했더라도 그 해맑은 모습에 죄책감을 느끼며 발길을 돌릴 정도다. 반면 이해관계에 능하고 약삭빠른 사람은 아무도 믿지 않는다. 남들도 자신처럼 잔머리를 굴릴지 모르니 매 순간 상대를 경계한다. 천사 같은 기버giver가 아무 대가 없이 도움을 주려 해도 분명 무슨 꿍꿍이가 있을지 모른다며 실눈 뜨고 째려본다.

5

뜬금없이 연락한 사람이 오랜만에 내 목소리가 듣고 싶어서 연락했을 리는 없다. 십중팔구 아쉬운 부탁을 하거나 궁금한 내용을 물어보기 위해서다. 나도 철없던 젊은 시절에는 실수를 종종 저질렀다. 그 사람 목소리만 들어도 이전에 괴롭힘 당했던 원한이 생생하게 떠올랐다. 옳다구나 기회다, 당신도 한번 그때 나처럼 당해봐라 매정하게 거절한 적이 많았다. 마음공부를 하면서 지난 시절 행적들이 너무도 부끄럽게 느껴진다. 상대방이 나에게 잘못을 저지르고 상처를 주었지만 이미 지나간 과거의 일이다. 지금 상대는 이전의 나처럼 곤경에 처하고 도움이 필요하여 나에게까지 연락을 하고 있다. 상대방이라고 과연 나에게 연락하기가 쉬웠을까. 전화기 버튼을 누를까 말까 골백번도 더 망설인 모습이 눈에 선하다.

6

좋았던 기억 한 가닥을 떠올리며 도움을 주기로 마음먹는다. 나도 똑같은 사람이 되기는 싫으니까. 간혹 아무리 기억 창고를 뒤져도 어느 한구석 좋은 추억 하나가 없는 사람이 있다. 하나부터 열까지 너무도 철저히 얄미운 존재다. 판도라의 상자 맨 밑바닥 희망마저 날아가 버린 사람이다. 그럴 때는 나도 당당하게 거절한다. 좋은 사람으로 보이지 않아도 좋다. 아직 내 인격이 딱 그 정도 수준이라 어쩔 수 없다. "그래, 결혼식 한다고 연락을 했구나, 축하해. 그날은 바빠서 못갈 것 같은데, 상황 봐서 시간 되면 들러 볼게." 정작 상대편은 별 반응도 없는데, 내 마음속에서만 고구마 100개가 쑤욱 내려간다.

남에게 무시당하지 않으려면?

1

“왜 사무실 사람들은 저를 만만히 보는 걸까요? 다들 정말 너무해요.”

남들이 당신을 함부로 대한다고 느낀다면 둘 중 하나다. 정말 늑대소굴에서 살고 있거나 아니면 당신이 잘못된 행동을 하고 있거나. 남 탓부터 하기 쉽지만, 본인 행동에 문제가 있는 경우도 상당히 많다.

2

당신 행동은 남에게 많은 영향을 미친다. 다른 사람에게 원하는 말과 행동이 있다면 당신 자신부터 그런 반응을 이끌어 낼 수 있는 적절한 처신을 해야 한다.

3

사람들은 '호구'를 귀신같이 알아본다. 다 같이 길을 걸어가도 갑자기 불쑥 다가와 '도에 관심 있는지' 묻는 타깃은 정해져 있다. 업계 전문가들은 관상만 봐도 금방 안다. 그들은 거절 못 하는 종족을 귀신같이 찾아낸다. 가까운 사람이 부탁하는데 어떻게 거절하느냐는 말은 모두 변명이다. 당신이 그 말도 안 되는 부탁을 모두 들어주는 이유는 거절의 말을 하느라 난처한 상황에 처하기 싫어서다.

4

거절하면 나를 안 좋게 보지 않을까 두려운가. 당신이 남의 시선만 의식하며 살고 있어서 그렇다. 관건은 당신의 낮은 자존감이다. 길을 걸어도 모든 사람이 나만 쳐다보는 듯 느낀다. 얼굴에 무엇이 묻었나, 머리 모양이 이상하지는 않은가, 수시로 거울을 들여다보며 어루만진다. 이 부탁하나 거절한다고 가슴에 '주홍글씨' 박히지 않으니 걱정 말라. 진작부터 거절했어야 할 일들을 그동안 너무 많이 들어주고 있었다. 백만 명 중 1명은 당신에게 거절당했다고 정말 뒷담화하고 다닐 수도 있다. 그 사람은 부탁을 들어주었더라도 언젠가 기어이 당신을 비난하고야 말았을 사람이다. 당신 잘못이 아니다.

5

그렇다고 해서 찔러도 피 한 방울 나지 않는 스크루지가 되라는 말은 아니다. 곤경에 처한 사람은 돕고 내 능력에 맞게 나누며 사는 삶이 당연히 좋다. 핵심은 내게 도움을 청한 상대방의 자세다. 상대가 어떤 마인드인지도 모른 채 무턱대고 인심 쓰면 안 된다. 도움의 관점에서 사람을 분류하면 크게 3가지다. 아낌없이 주는 나무형, 기브앤테이크형, 그리고 좀비스타일. 언뜻 기브앤테이크형이 나빠 보이지만 도움을 줄 때는 전혀 상관없다. 그들은 도움을 주든, 도움을 받든 언제나 계산이 칼 같다. 나에게 무리한 요구를 하면 자신도 그만큼 되돌려 주겠다는 생각을 하니 적어도 피해는 안 준다. 문제는 좀비스타일이다. 이 유형은 한도 끝도 없이 계속 빨대를 꽂으려 한다. 심지어 자녀라 하더라도 무한 빨대는 거부해야 한다. 자녀를 사랑하는 마음으로 이 한 몸 장렬하게 바친다 한들 그 자녀는 정신 못 차린다. 이내 빨대 꽂을 다른 사람을 찾아 나선다.

6

남에게 거절 못 하는 사람은 본인도 남에게 거절당하기 싫어한다. 자신이 'No'라는 말을 너무 듣기 싫어하니, 남에게도 차마 그 말을 못 한다. 역시 자존감 문제다. 누군가 내 부탁을 거절하면 지금 도와줄 여건이 안 되겠거니 생각해야 할 텐데 환청이 들리기 시작한다. '난 네가 정말 미워. 도와주기도 싫단 말이야!' 혼자 드라마 쓰지 말고 상황을 쿨하게 받아들이는 연습을 하자. 내 부탁 거절하는 저 사람이 계속 나만 졸졸 따라다니며 피의 복수를 하려는 처녀 귀신은 아니다.

7

찍소리 못하는 환경에서 오래 지내다 보면 어느새 정말 찌질해진다. 엄한 부모 밑에서 자라거나 〈말죽거리잔혹사〉 같은 학교를 다닌 사람은 어느 정도 정신적 트라우마가 있다. 권위에 맹목적으로 복종해야 하고, 숨소리 잘못 내면 뼈도 못 추린다는 조건반사가 유전자에 저장되어 있다. 어린 코끼리를 말뚝에 매어 키우면, 덩치가 커진 다음 작은 목줄만 걸쳐 두어도 꼼짝 못 한다. 마틴 셀리그먼의 '학습된 무기력' 실험이 유명하다. 스위치를 눌러도 전기충격이 꺼지지 않는 경험을 한 개는, 다음 실험에서 아주 낮은 장애물조차 넘을 생각을 못 하고 쉽게 포기해 버린다.

8

다들 나에게 무리한 부탁만 하니 어쩔 수 없다며 투덜대고 있다면 그것은 모두 내가 처신을 잘못한 결과다. 오늘부터 다시 태어나면 된다. 인간관계는 서서히 바뀌지 않는다. 어느 날 갑자기 번개가 치듯 싹 바뀐 태도를 보이면 단 3일 만에 새로운 이미지가 만들어진다.

내가 보는 나와 남이 보는 나

1

“나는 이 정도면 최선을 다했다고 생각해. 왜 자꾸 뭐라고 하는 거야?”

남들은 내 진심을 왜 이리도 몰라줄까. 이만하면 충분하다 싶은데, 항상 어딘가 부족하다고 계속 타박만 한다. 도대체 어디가 잘못되었을까.

2

나 자신을 객관적으로 보기는 정말 어렵다. 탁구, 테니스, 골프 같은 운동 종목 레슨을 받을 때 이런 현상이 특히 심하다. 가르치는 선생님들은 항상 답답해한다. 팔을 크게 젖히라고 말하면 회원은 늘 소심하게 조금만 돌리다 멈춘다. 벌써 이만큼이나 틀었는데 더 돌리면 어떡하느냐며 따지기도 한다. 계속 고집부리면 회원의 자세를 비디오로 찍어서 보여 준다. 자신의 동작을 화면으로 보면 깜짝 놀란다. “어? 제 팔이 저만큼 밖에 안 올라갔네요? 제 느낌에는 너무 심하다 싶었는데…” 안하던 동작을 처음하면 낯설고 불편하니 작은 움직임도 엄청 크게 느낀다. 내 주관적 느낌과 실제 동작은 전혀 다르다. 그 차이를 얼른 깨달아야 운동을 빨리 배운다.

3

“네? 제 말이 너무 빠르다구요?”

아나운서 발음까지는 아니지만 톤이나 발음이 꽤 정확하다고 생각하는 사람이 많다. 남들이 잘 알아듣기 힘들다고 피드백을 하면 너무 당황한다. 일부러 못 알아들은 척하면서 괴롭히는 줄 안다. 역시 해결책은 셀프 확인이다. 녹음이나 녹화를 해서 본인이 직접 확인하도록 하면 저절로 해결된다. “어라, 제가 정말 저렇게 말했다구요? 도저히 믿을 수 없는데요.” 본인은 국어책 읽듯 또박또박 말했다고 생각했는데 녹음된 소리를 들어보니 어설픈 래퍼 같다. 듣기에 너무 민망하다.

4

퇴근하고 너무도 피곤하지만 큰맘 먹고 재활용 쓰레기에 음식물 쓰레기까지 갖다 버렸다. 이 정도면 모범 남편상을 받아도 되겠다 싶은데, 아내는 계속 심술 맞은 표정이다. 기껏 도와주었는데 고마운 줄도 모른다. 저녁 먹고 소파에 앉아 TV만 보고 있을걸 후회스럽다. "나도 당신처럼 하루 종일 근무하고 퇴근했잖아? 나는 저녁 식사 준비에 설거지, 청소기, 빨래, 다림질, 아이 씻기기까지 다 했어. 당신이 한 일하고 비교하면 어때?" 아, 아내 시각의 말을 들으니 수긍이 간다. 나에게는 그 정도 일도 꽤 크게 느껴졌는데 객관적으로 살펴보니 혼자만의 착각이었다.

5

내가 나 자신을 냉정하게 바라보기는 어렵다. 그런 메타인지 능력은 자기객관화가 되는 사람에게나 가능하다. 나 위주로 하루를 살면 상대의 반응은 무시하기 쉽다. 내 마음속에 악의가 없었다며 아무 말이나 마구 던지고는, 듣는 사람이 기분 나빠하면 상대방 마음이 문제라고 뒤집어 씌운다. 마동석 같은 사람이 오랜만에 만난 친구 반갑다고 등을 툭 치고 지나가면 맞은 사람은 최소한 중상이다. 항상 상대방 입장으로 나를 돌아봐야 한다. 내 말투나 행동이 어떻게 비치는지 거울 속 내 모습을 꼼꼼히 살펴보자. 내 의도와 상관없이 남에게 보이는 내 모습이 진짜 나다.

오만과 편견 때문에 소통이 어렵다면

1

A팀장 "나만큼 아는 사람이 어딨어요? 시키는 대로 하라니까요."

B팀장 "미루다 미루다 깜박한 거죠? 안 봐도 뻔하네요."

팀장 두 명 모두 막상막하다. 팀원들이 말을 섞으려면 큰 용기가 필요하다. 회사 사람 모두 두 사람을 은근히 피해 다니지만 가끔은 팀장 두 명이 회사 전체를 왕따시키는 느낌이 들기도 한다.

2

A팀장은 오만하고, B팀장은 편견에 가득 차 있다. '오만'과 '편견'은 인간관계 소통을 방해하는 가장 핵심적인 단어들이다. 이 두 단어만 잘 정복해도 소통지수가 월등히 상승한다. 오만하거나 편견에 사로잡히면 어떤 일이 생기는지는 제인 오스틴의 소설 『오만과 편견』에 잘 나온다. 소설 속 배경은 1813년이지만 사랑과 결혼에 대한 사람들 관심은 시대를 초월한다. 다아시의 오만과 엘리자베스의 편

견은 그들 사이를 갈라놓지만, 결국 극복해내고 결혼에 성공한다. 내용도 멋지지만 '오만과 편견Pride and Prejudice'이라는 제목 자체가 너무도 강렬하다.

3

오만은 한마디로 '나만 잘났다'는 말이다. 내가 아는 내용만이 진리이며 확실한 사실이라고 굳게 믿는다. 스스로에 대한 확신이 지나치게 강하므로 세상 모든 사람들이 어리석게만 보인다. 어설픈 일반화의 오류에 빠진 사람에게 흔하다. 본인이 겪은 단 몇 가지의 특수한 경험을 만고불변의 진리라고 착각하기 쉽다. 편견은 한마디로 '안 봐도 뻔하다'는 말이다. 겉으로 드러난 일부 사실만으로 깊은 속사정까지 모두 알아차렸다며 자신만만이다. 자신의 판단력이 옳다고 믿으니, 상대의 모든 말은 구차한 변명으로만 들린다. 선입견에 휘둘리며 깊게 생각하지 않는 사람에게 흔하다. 눈앞의 상황을 이미 알고 있는 몇 가지 사실에 억지로 끼워 맞추려는 오류를 범하기 쉽다.

4

오만한 사람에게 대처할 때 조심할 점이 있다. 그는 이미 자신의 생각이 정답이라는 판단을 내렸다. 조금이라도 토를 달면 불같이 화를 낸다. 아무리 합리적인 말도 그에게는 진실에 대한 억지스런 딴지로만 들린다. 그의 반응은 당신 선제공격에 대한 정당방위인 셈이다. 하물며 당신이 약간이라도 감정 섞인 반응을 보인다면 그의 분노는 하늘을 찌른다. 최대한 객관적인 태도를 유지하지 않으면 그가 반응할 빌미가 된다. 당신이 그에게 어떤 의견을 전하고 싶다면 일단 보호막부터 해제시켜야 한다. 동의하지 않더라도 그의 아이디어를 높이 평가하고 인정한다는 말로 우쭐하게 만들면 좋다.

5

그나마 편견에 빠진 사람은 좀 낫다. 오만한 사람이 자기 자신에 대한 우월감에 취해 있는 반면, 편견에 빠진 사람은 특정 생각이나 경험에 대한 맹목적인 믿음에 취해 있다. 믿음의 근거가 틀렸다는 사실을 이해시키거나, 더 좋은 가치관이 있다는 대안 제시를 하면 의외로 쉽게 해결된다. 오만한 사람에 비해 합리적인 사고가 살아 있는 경우가 많다. 그 편견대로 행동할 때 일어날 수 있는 여러 피해에 대한 시뮬레이션 결과를 보여 주면 금방 납득하기도 한다. 다른 사람들이 그 의견에 대해 어떤 생각을 가지고 있는지 여론조사 결과로 설득해도 좋다. 대신 그 사람이 지금껏 그런 확고한 믿음을 가진 배경에도 관심을 가져보자. 무작정 그런 생각은 틀렸다고 몰아세우기만 하면, 비난으로 듣고 역공을 시작한다. 당신 말도 일리가 있다는 인정부터 시작해야 소통이 순조롭게 흘러간다.

6

오만과 편견에 맞서려면 무엇보다 당신 자신의 감정부터 잘 챙겨야 한다. 그들의 고집스런 행동에 좌절하거나 답답함을 느끼기 쉽다. 분한 마음에 대처 강도를 한 단계 높이면 사태는 걷잡을 수 없이 점점 악화된다. 그들은 원래 싸움에 능한 사람들이니 당신과 충돌한다 한들 눈 하나 깜짝하지 않는다. 이성적이고 합리적인 당신만 상처 입는다. 당신의 감정능력으로 대처할 수 있는 수준까지만 상대해야 한다. 당신이 감당할 수 없는데도 계속 맞대응하면 한도 끝도 없는 말싸움만 이어진다. 이도 저도 다 안 통하면 방법이 없다. 당신의 정신 건강을 위해 소통을 포기하라. 차단 벽을 세우고 얼른 대피하자. 상대가 무섭지 않아도 피해야 할 때가 있다. 당신은 소중하다.

협상에서 유리해지는 법

1

"오늘은 무조건 짜장면 먹을 거야!"

가족 모임으로 고깃집에 가는 중인데, 7살 민철이가 태클을 걸고 나선다. 어린아이가 엉뚱한 소리를 한다고, 매번 큰 소리로 윽박지르면 안 된다. 주어진 상황에 알맞게 현명한 협상을 해야 한다. 물론 만만치는 않다. 상대에게 내가 원하는 내용을 얻어내기도 어렵고, 그 대가로 상대가 바라는 부분을 내주기는 더 어렵다. 협상을 유리하게 이끄는 몇 가지 노하우를 살펴보자.

2

일단 내가 원하는 희망 사항은 최대한 숨기면 좋다. 내가 간절히 원한다는 사실을 들키면 상대는 점점 그 가치를 높인다. 협상 대상에는 정찰제로 매겨진 가격표가 없으니, 둘 사이에 부르고 흥정하는 대로 값어치는 얼마든지 변한다. 오늘 저녁 결혼기념일 식사 약속

관계로 칼퇴근이 간절하다는 사실이 알려지면 약삭빠른 김 대리가 야근 두 번을 요구해도 받아들여야 한다.

3

내가 싫어하는 항목 역시 상대에게는 '딜deal'의 대상이 된다. 여러 옵션 중 3번만은 죽어도 피하고 싶어 한다는 티를 내면 상대방이 그 3번을 대신해 준다고 할 때 매우 비싼 대가를 치러야 한다. 재활용 쓰레기 버리는 날, 아빠가 음식물 쓰레기만은 하늘이 두 쪽 나도 버리기 싫다고 버틴다. 엄마는 이 기회를 틈타 청소기 돌리기, 화장실 청소, 베란다 정리까지 얹어서 협상에 성공한다. 한마디로 호불호가 너무 분명한 사람은 겉으로 드러내지 않고 잘 숨긴다 해도 협상에서 손해볼 가능성이 많다.

4

'배트나(BATNA)'라는 말이 있다. 'Best Alternative to a Negotiated Agreement'의 약자인데, 한마디로 '좋은 대안'이라는 뜻이다. 선택의 여지없는 단 하나의 가능성은 그 가치가 폭등하며 협상하기가 어려워진다. 만일 그 외에 다른 선택지도 괜찮다는 상황으로 바뀌면 주도권을 되찾아올 수 있다. 휴가지 숙소를 알아보다가 마음에 드는 펜션을 발견했다. 꼭 숙박하고 싶다며 매달리면 주인은 점점 가격을 올린다. 너무 비싸면 다른 지역으로 바꿀 수밖에 없다는 대안을 말하라. 의외로 적정선에서 타협이 될 수도 있다.

5

나의 대안 외에 상대를 위한 대안에도 신경 쓰면 좋다. 상대방이 한 가지 가능성에만 목을 매고 배째라식 버티기에 돌입하면 난감하다. 막무가내로 나오면 아무 말도 안 통한다. 이때 상대가 미처 깨닫지 못했던 대안으로 선택의 여지를 제시하면 결국 나에게도 이득이다.

"오늘 민철이가 정말 짜장면 먹고 싶은가 보구나. 할머니 생신이라 좋아하시는 고깃집으로 잡았으니 도리가 없네. 오늘은 고기 맛있게 먹고, 내일은 짜장면 먹은 뒤에 민철이 좋아하는 ○○월드에도 놀러 가면 어떨까?"

6

누구나 같은 목표를 향해 으르렁거리며 경쟁한다고 생각하지만 실상은 전혀 그렇지 않다. 사람마다 생각이 다르고 마음속 감정은 더 복잡하다. 서로 욕망이 다르고 주어진 상황도 같을 수 없다. 그 미묘한 차이를 잘 파헤칠 능력만 있다면 테트리스 게임의 빈틈을 메우듯, 서로의 빈자리를 채우며 둘 다 '윈-윈' 할 수 있다.

문제는 기준이다

1

“하루에 대변 7번 보는 게 정상이야? 고집 그만 부리고 약을 좀 쓰라구.”

“내 몸은 내가 제일 잘 알아, 술 안 먹고 운동하면 금방 나아져.”

진료실에 부부가 함께 들어오면 티격태격 충돌할 때가 많다. 보호자 말에 근거하여 배우자의 말을 들으면 모두 ‘위증’ 아니면 ‘억지’다. 그래도 배우자 손에 이끌려 못 이기는 척 병원까지 오셨으니 희망은 있다. 끝까지 버티며 오지도 않는 분이 훨씬 많다.

2

피터 드러커는 ‘의사결정’에 대해 3단계로 말한다. 1단계로 의견이라는 가설에서 시작하고, 2단계로 현실 상황 속에서 테스트를 거친 후, 마지막 3단계에서 결과로 피드백하며 의사결정을 수정한다. 의견을 내고 실제로 해본 뒤, 시행착오를 바로잡는 순서다. 서로 물고 뜯고 싸울 때, 1단계 의견 제시에서 충돌하는 경우가 많다. 상대방 말이 얼토당토않으니 따져볼 가치도 없다며 단칼에 자르려고 덤빈다. 상대는 자존심을 지키며 살아남기 위해 안간힘을 쓰며 버틴다. 공격하고 방어하는 의견충돌 현장은 전쟁터와 비슷하다.

3

잠시 궁극적인 목표를 다시 상기하자. 본인이나 배우자나 모두 건강을 걱정하고 있다. 다만 본인은 스스로의 힘으로 건강해질 수 있다고 생각하며, 배우자는 치료를 받아야 건강해진다고 생각하는 차이다. 어느 한쪽도 건강에 무관심한 사람은 없다. 이때 '기준'이 필요하다. 서로 생각하는 방향이 같으니 의견 차이를 좁히기만 하면 대화는 쉽게 끝난다. 이론적인 주장만 서로 되풀이하면 소용없고 객관적인 수치로 정량적인 대화를 나누면 좋다. 어려운 협상일수록 기간이든 횟수든 수치든 금액이든, 일정 기준을 만족하는지 여부로 판단하기로 하면 훨씬 쉽게 합의할 수 있다. 양쪽 다 굴욕적인 패배를 맛보지 않아도 된다. 기준에 따라 객관적으로 판단한 결과이니 승패와 상관없이 받아들이기도 편하다.

4

"의학적으로 대변 횟수 7번은 정상으로 보기 어렵습니다. 선생님도 괜찮다고 보지는 않으시네요. 치료 없이 혼자 이겨낼 수 있다고 생각하시는 중이구요. 그럼 선생님 말씀대로 생활 관리 잘 해보고 결과를 지켜보기로 하죠. 하루 두 번 이내로 줄이실 수 있으면 약 없이 더 지켜보고 안되면 한약 처방으로 과민성대장 증상을 치료하기로 하시면 어떨까요? 기한은 한 달입니다."

극적으로 타협에 성공한다. 환자는 본인 뜻대로 약을 안 쓰게 되었으니 의기양양하고, 배우자는 근심 어린 표정을 짓는다. 한 달이 훌쩍 지나갔다. 배우자는 환한 표정으로 원장실 문을 벌컥 열고 들어오고, 환자는 고개를 푹 숙이고 질질 끌려온다. 찍소리 없이 지시대로 잘 따른다.

5

"매일 반주로 드시던 술을 격일까지 줄이셨으니 정말 대단하십니다. 아주 잘하셨어요. 주말마다 산에도 다니셨으면 정말 최선을 다하셨네요. 제가 얼마 동안만 치료하면 금방 나으시겠어요. 그렇게 노력하시고도 안 되는 부분은 전문가인 제가 해결할 부분입니다. 빨리 좋아지실 수 있도록 저도 최선을 다하겠습니다."

비록 기준에 미치지는 못했지만 최선을 다해 의지를 불태운 그 노력은 인정해야 한다. 주위에서 그것 보라며 비아냥거리고 핀잔을 주면, 될 대로 되라는 식으로 더 막무가내 고집을 부릴지도 모른다.

선택이 어려운 당신에게

1

“선생님, 정말 아무 치료 방법도 없나요?”

정답이 나와 있는 쉬운 문제도 가끔 있지만, 실전에는 답하기 곤란한 애매모호한 상황이 훨씬 많다. 정답이 없다면 결국 선택이다. 어느 쪽이든 완벽하지 않으니 고르기 부담스럽다. 선택의 순간에 처할 때, 우리가 생각할 수 있는 경우의 수는 크게 3가지다.

2

첫 번째, 최선의 방법을 찾는다

여러 가지 옵션 중 그래도 가장 우수한 1등 선수를 택하는 방식이다. 언뜻 너무 간단해 보인다. 100점 만점이 없으면 전체 1등인 99점짜리를 뽑으면 그만이라고 생각하기 쉽다. 정답이 아닌 솔루션들은 각각 장점과 단점이 있기 마련이다. 종합점수 1등이 모든 상황에서 최상의 해결책이 된다고 장담할 수는 없다. 부산까지 비행기로 가는 방법이 가장 빠르고 편하겠지만 항상 최선은 아니다. 서울이나 부산의 시내 교통이 혼잡한 시간대라면, 공항까지 이동시간이 오래 걸린다. 주머니 사정이 문제일 때는 승용차에 여러 명이 함께 타고 가면 유리하다. 이동하면서 컴퓨터 작업을 해야 한다면 진동이 적은 고속열차가 편하다. 그때그때 상황에 따라 가장 알맞은 선택지를 골라야 한다. 대신 이동시간과 비용, 쾌적함 등 전혀 다른 항목들을 동시에 고려해야 하니, 자신의 입장에서 고려해야 할 조건의 우선순위까지 잘 따져봐야 한다. 이도 저도 모두 만족하는 방법을 원한다며 투정만 부리면 아무 선택도 못 한다.

3

두 번째, 차선의 방법이 필요할 때도 있다

누가 봐도 비행기가 최선의 선택이었는데 갑자기 날씨 관계로 비행기가 결항했다는 뉴스가 뜬다. 어쩔 수 없이 다른 대안을 찾아야 한다. 처음부터 합리적인 방식으로 결정한 사람은 이런 돌발 상황에도 당황하지 않는다. 마음속에 1순위, 2순위, 3순위를 다 정해 놓았으니 다음 순위를 금방 선택하면 된다. 만일 아무 생각 없이 단 하나의 옵션만을 정해둔 채 넋 놓고 있었다면 멘붕에 빠진다. 이제라도 다시 하나하나 따져 보며 최적의 솔루션을 찾아야 하는데 갑자기 이런 일이 생기면 허둥지둥하기만 한다. 판단이 흐려지면서 머릿속은 하얗게, 눈앞은 깜깜해진다. 옆에서 누가 한마디 거들기라도 하면 순식간에 말도 안 되는 황당한 결정을 내려 버린다.

4

세 번째, 가장 어려운 차악에 대한 선택이 있다

옵션 중 어느 하나 마음에 들지 않는다. 아니 마음에 안 든다기보다 전부 최악으로만 보인다. 할 수만 있다면 아무 선택도 하고 싶지 않다. 그래도 어쩔 수 없이 무조건 하나를 골라야만 하는 입장에 처했으니 문제다. 최선을 고를 때는 각각의 단점이 작아 보이니 그래도 마음이 가벼웠지만, 차악을 고를 때는 무슨 선택을 하든 별로 좋은 구석이 보이지 않으니 계속 마음이 무겁다. 이때는 사고의 흐름을 정반대로 돌리면 좋다. 필요한 내용을 만족시키는 측면으로 바라보기보다 무조건 피하고 싶은 상황부터 먼저 떠올린다. 선택이 끝난 후 '그래도 그 정도 선택이라도 했으니 잘한 거야.' 그럴 가능성은 별로 없다. 최악의 경우를 하나라도 더 피하는 쪽으로 골라야 그나마 덜 후회한다.

5

대학병원에서 수술이나 약물치료 모두 불가능하다는 말을 들으면 온 가족이 멘붕에 빠진다. 이때 사방팔방에서 온갖 정보가 밀려든다. 다들 카더라통신 특파원이 되어 난생 처음 들어보는 희한한 방법을 제시한다. 이 상황에 최선이나 차선을 바라기는 힘들다. 그나마 차악이라도 고르면 다행이다. 나는 가끔 환자분에게 이런 말씀을 드리기도 한다. 때로는 아무 선택도 하지 않고 그냥 시간에 몸을 맡기는 편이 최선에 가까울 때가 있다고.

#홀로서기를 잘 가르치려면

1

"김 대리, 이런 일도 혼자 알아서 못해요?"

팀장도 한때는 신입이었다. 올챙이 적 기억을 벌써 잊어버리고 김 대리에게 윽박지르기만 하면 곤란하다. 사수가 신입을 대하는 방식은 부모가 자녀에게 자전거를 가르치는 장면과 많이 닮았다. 크게 3가지 유형이 있다.

2

첫 번째, 끝까지 손을 못 놓는 부모

어느 날 보조 바퀴를 떼어보기로 한다. 아이는 걱정 반, 기대 반으로 살짝 흥분한 상태다. 부모는 자전거 뒤쪽을 붙잡고 아이가 쓰러지지 않게 계속 힘을 주며 따라간다. 아이는 이제 괜찮으니 손을 놓으라며 신났지만 차마 놓지 못한다. 손을 놓자마자 1초 만에 휙 쓰러져 피를 철철 흘리는 장면이 자꾸 떠오른다. 끝까지 손을 놓지 못하고 자전거 속도에 맞추어 하루 종일 뛰어다닌다. 보조 바퀴를 떼어 보기로 마음먹었다면 이제 혼자 힘으로 탈 만하다고 판단했기 때문이다. 아이를 염려하는 마음은 이해하지만 최소한의 위험도 감수하지 않으면 발전은 없다. 손을 놓는다고 무책임한 부모나 사수가 되지는 않는다. 오히려 보호라는 이름 아래 손을 놓지 못하고 계속 미주알고주알 지시하고 참견만 하면 스스로 부딪치며 발전할 기회를 빼앗는 결과로 이어진다. 자립의 기회를 놓치면 반대로 아이가 부모에게 의존하기 시작한다. 이제 혼자서도 할 만하지만 계속 부모의 도움만 기대한다. 부모의 체력과 시간의 한계치를 넘으면 슬슬 짜증이 난다. "이것도 혼자 못해? 도대체 언제까지 어린애처럼 굴 거야!" 모두 부모와 사수 본인이 자초한 결과다.

3

두 번째, 알아서 타라고 내버려두는 부모

자전거는 원래 넘어지면서 배워야 한다며 그냥 내버려 둔다. 보조 바퀴 없이 쓰러질까 두려워 땅에서 발도 못 떼고 있지만 너는 할 수 있다고 말하며 강하게 밀어붙인다. 스스로 알아서 하도록 격려하는 방식은 훌륭하다. 다만 아이가 아직 자기 앞가림도 제대로 못하는 약자라면 감당할 수 없는 큰 위험에 노출시키는 셈이다. 자전거가 비틀거릴 때 몸을 어떻게 움직여야 하는지, 쓰러질 때는 어떻게 넘어져야 안전한지 전혀 모른다. 넘어지면 무조건 대형 사고다. 신입사원에게 메인컴퓨터를 무턱대고 맡기면 여기저기 눌러보다가 3년

치 업무 데이터를 모두 날려버릴 수도 있다. 기어이 아이의 다리가 부러지거나, 신입이 컴퓨터 사고를 치면 그제야 푸념을 늘어놓는다. "잘 모르겠으면 미리 도와달라고 말을 했어야지, 어떻게 실력도 안 되면서 혼자 이런 일을 벌인 거야." 그렇게 하라고 시킨 사람은 바로 당신이다.

4

세 번째, 사정권 내에서 관찰하는 부모

오늘은 보조 바퀴 떼는 날, 어디서 연습하면 좋을지 미리 장소부터 물색한다. 주위에 차도나 위험시설이 없어야 하고, 아스팔트나 콘크리트가 아닌 흙바닥이면 넘어져도 안전하겠다. 붙잡고 뒤따라가다가 어느 순간 슬며시 손을 놓는다. 처음에는 1m 간격으로 졸졸 따라다니며 아직 붙잡고 있으니 안심하라고 말한다. 점점 5m, 10m 간격을 벌리지만 시선은 절대 놓치지 않는다. 아이는 처음 타는 두발자전거가 무섭지만 바로 뒤에서 엄마, 아빠가 붙잡고 있다는 생각에 자신 있게 페달을 밟는다. 한참 뒤에야 나 혼자 타고 있다는 사실을 깨닫는다. 엄마 아빠는 저 멀리서 흐뭇하게 나를 바라보고 있다. 너무 가까이 붙어 시행착오의 기회를 빼앗지도 않았고 너무 멀리 떨어져 감당 못 할 위험에 방치하지도 않았다.

5

이제 두발자전거가 완전히 익숙해졌다. 혼자서 잘도 날아다닌다.

아직 부모에게 마지막 관문이 남았다. 아이가 혼자 자전거를 타고 나가면 이제 스스로 알아서 하겠지 믿고 맡겨야 한다. 하루 종일 가슴을 졸이며 어디 다치지 않을까 일이 손에 잡히지 않는다면, 아직 자전거에서 완전히 손을 떼지 못한 상태다. 아이와 신입사원은 용기 있게 자립했지만 정작 부모나 상사가 홀로 서지 못하고 질질 끌려다니고 있다.

관계를 잘 맺으려면 서로 각자의 자리에서 우뚝 서야 한다. 한쪽이 상대에게 기대 있거나 양쪽이 서로를 의지한 채 위태롭게 서 있으면 홀로 섰다고 말할 수 없다.

아이와 신입사원만 홀로서기 훈련을 한다고 생각하지 말라. 부모와 사수 역시 자신의 자리를 지키며 당당하게 홀로서야 오래도록 건강한 관계가 이어진다.

지구가 멸망해도 사과나무를

1

“왜 그렇게 오만상을 찌푸리고 있어?”

“오랜만에 만났는데 미안. 일은 안 풀리고 팀장님한테 맨날 혼나고 기분이 영 별로네. 너는 잘 지내나 보다, 표정이 밝네?”

“나는 늘 그만그만해. 지난달에 암 진단 받은 일 빼고는.”

비관적인 사람은 늘 괴로워해야 한다는 의무감을 느낄 정도지만 세상에는 그렇지 않은 사람도 많다.

2

우울한 사람은 세상만사가 다 억울하다. 어느 날은 기분이 좋고 다른 날은 기분이 엉망인 타입이 아니다. 마치 엄마 뱃속에서부터 우울하게 살기로 작정한 사람 같다. 일단 우울한 표정부터 짓고 주위 사람들에게 우울하다는 말까지 마구 쏟아낸 뒤, 커피 한 잔 마시며 우울한 이유를 찾기 시작한다.

팀장님은 기획안의 큰 실수 때문에 그 잘못에 대해 질책하셨을 뿐이다. 잘못은 잘못이고 질책은 질책이다. 이미 게임은 다 끝났다. 업무에 문제가 있었다면 서둘러 보완하고 다시 가져다드리면 그만이다. 하루 종일 굳은 표정으로 말 한마디 안 하고 뚱하게 있으면 팀장님이 겁이라도 먹을 줄 아는가.

3

지적을 당한 뒤 우울한 기분이 들고 기분까지 나쁘다면 순전히 당신 자신이 그렇게 하기로 선택했기 때문이다. 세상 그 누구도 당신에게 우울해지라고 강요한 적 없다. 같이 지적받은 이 대리는 평소처럼 밝은 표정으로 화기애애하게 잘 지내고 있지 않은가. 팀장님과 농담을 주고받으며 깔깔거리기까지 한다.

물론 자기 할 일은 이미 다 처리한 상태다. 팀장님 질책에 본인 잘못을 깨닫고 진심으로 사과했다. 그 즉시 자기 자리로 돌아와 후다닥 잘못된 부분을 보완하여 팀장님에게 다시 검사를 맡아 버렸다. 물론 환한 미소와 함께 말이다. '이 대리 저 친구는 야단을 쳐도 신난 표정이네, 이런 괘씸한!!' 과연 그러실까.

4

컨설팅 그룹에서 관리자들에게 설문조사를 했다. 수많은 부하직원들 중에 유독 정이 가고 끌어주고 싶은 사람은 어떤 유형인지 물었다. 실수를 안 하는 사람? 일을 완벽하게 처리하는 사람? 아니다.

단군 이래 그런 신입은 존재한 적도 없다.

1위는 항상 밝은 표정으로 적극적인 행동을 하는 사람이었다. 잘못을 지적하면 긍정적으로 받아들이고, 씩씩하게 보완하는 사람을 가장 예뻐한다는 말이다. 말 한마디 꺼내기만 하면 3일 내내 삐쳐 있거나 부모님 돌아가신 표정만 지으면 정말 부담스럽다.

5

물론 사람마다 개인차가 많다는 사실도 잘 안다. 어떤 사람은 비가 내리기만 해도 이유 없이 기분이 가라앉고, 또 어떤 사람은 지구가 멸망한다는 뉴스를 보고도 사과나무 심을 생각부터 한다. 가족이나 친구는 나의 그런 특성에 잘 맞춰 주겠지만 수많은 사람이 얽혀 있는 조직 생활에서는 아무도 내 개성 따위 신경 쓰지 않는다.

사회적 태도를 갖출 필요가 있다. 커피전문점이든 동네치과든 환하게 웃으며 인사하면 근무자 외모와 상관없이 덩달아 기분이 좋아진다. 당연히 상급자나 회사 대표님도 그런 사람을 좋아한다. 극소수를 제외하고는 훈련으로 얼마든지 이런 능력을 키울 수 있다. 지금 당신의 표정이 어떠한지 고대로 거울을 들여다보라. 당신 같으면 당신에게 쭈쭈바 하나라도 사고 싶은가.

에필로그

1

“소통에 대한 책을 100권도 넘게 읽었어요. 아직도 사람을 만나면 무슨 말부터 꺼내야 할지 막막해요. 어떻게 하면 좋을까요?”

자주 받는 질문입니다. 소통의 테크닉이 그리 대단하지는 않습니다. 책 몇 권만 읽으셔도 기본기는 모두 아실 수 있습니다. 핵심은 지금 대처해야 할 방식을 선택하는 ‘순간 판단력’입니다. 상대에 따라, 상황에 따라 적절한 소통방식은 모두 다릅니다. 심지어 같은 사람과 대화하는 와중에도 시시각각 분위기가 급변합니다. 내 고집만 부리지 않으면 됩니다. 내가 옳다고 생각하는 대로 계속 밀어붙이지만 않으면 언제든 기회는 있습니다.

2

결국 사람에 대한 관심이 제일 중요합니다. 상대방과 눈높이를 맞추고 그 사람이 무슨 생각을 하는지 궁금해야 합니다. 상대가 내 말을 잘 알아들었는지 확인하고 싶어져야 합니다. 상대가 내 의도를 알든 말든 신경을 안 쓰고, 상대편 의중에 대한 관심도 없으면 소통은 처음부터 실패입니다. 돈 받고 일하는 입장이니 마지못해 대화를 나누려고 들면 상대도 금방 알아차리고 퉁명스럽게 나옵니다. 상대방 눈을 쳐다보고 자세를 고쳐 앉은 뒤 집중해서 들으면, 제아무리 불친절한 사람도 이런저런 이야기를 술술 털어놓습니다. "어머, 원장님한테 별 이야기를 다 했네요." 진료실에서 남편 흉은 기본이고, 친정엄마와의 갈등, 직장 상사와의 말 못 할 트러블까지 꺼내시는 분들이 많습니다. 환자분을 꼭 고쳐드리겠다는 마음을 먹으면 그 증상의 원인이 무엇일까 호기심이 생깁니다. 진지하게 여쭤보다 보면 환자분들도 무엇에 홀린 듯 많은 정보를 말씀해 주십니다. 여기저기서 건성으로 대하는 방식에 익숙해진 분들에게는 저처럼 적극적으로 소통하는 태도가 신기하게 보이실지도 모르겠습니다.

3

소통은 단순하게 정보를 주고받는 과정입니다. 상대와 친해져야 한다는 강박관념으로 말 꺼내기 힘들어하시지 않아도 됩니다. 택배기사님이나 음식점 알바생과도 얼마든지 좋은 소통을 할 수 있습니다. 상대 얼굴도 쳐다보지 않고 카드를 쓱 내밀거나, 아무렇지도 않게 반말을 던지면 누구라도 기분 나쁩니다. 서로 예의를 지키고 각자 할 말을 정중하게 전하면 끝입니다. 일단 소통이 잘 되고 나면, 그 다음 대처는 별개의 문제입니다. 잘 들어본 뒤 감당할 수 있으면 따르고 내 취향과 맞지 않으면 거절하면 됩니다. 소통이 곧 허락은 아니니까요. 소통도 제대로 해보지 않고 선입견과 짐작으로 미리 판단을 내려 버리면 설득과 협상의 소중한 기회까지 날려 버립니다.

4

말로 표현하지 못하는 사람은 남들과 소통하기 어렵습니다. 마음의 문을 꼭꼭 걸어 잠그고 교류를 허락하지 않거나, 성문은 활짝 열었지만 자기 생각을 어떻게 말해야 할지 모르기도 합니다. 저는 처음 보는 사람에게도 저에 대한 이야기를 많이 꺼냅니다. 제가 먼저 말문을 열면 상대도 덩달아 부채의식을 느낍니다. 다그치지 않아도 자연스럽게 자신의 이야기를 들려주십니다.

5

그 무슨 수를 써도 소통이 안 되는 사람은 도리가 없습니다. 자책하시지 않아도 괜찮습니다. 당신 잘못이 아닙니다. 상대가 마음을 열 때까지 밑없이 기다리거나, 아쉽너라도 안녕을 고해야 합니다. 인간은 사회적 동물이니 소통 없는 인간관계는 지속할 수 없습니다. 말문을 열지 않고 계속 고집부리는 사람은 당신과의 관계에 별 미련이 없다는 뜻입니다.

6

제가 만난 환자분들과 제 곁을 스쳐 간 수많은 사람들 모두가 저에게는 좋은 선생님이었습니다. 매 순간 영감을 주시고 화두를 던져 주신 덕분에 이런 책까지 쓸 수 있었습니다. 힘든 수험생 기간을 묵묵히 걸어가고 있는 딸, 그리고 늘 곁에서 힘이 되어 주는 아내에게도 고마운 마음을 전합니다.

어른인데도
어린아이처럼 말하는 당신

초판 1쇄 인쇄 2024년 3월 20일
초판 1쇄 발행 2024년 3월 27일

지은이 권영구

편집 권정현 **표지디자인** 페이퍼컷 장상호 **본문디자인** 박은진
마케팅 임동건 **경영지원** 이지원
출판총괄 송준기 **펴낸곳** 파지트 **펴낸이** 최익성

출판등록 제2021-000049호
주소 경기도 화성시 동탄원천로 354-28 **전화** 070-7672-1001
이메일 pazit.book@gmail.com **인스타** @pazit.book

ISBN 979-11-7152-034-3 03190

THE STORY FILLS YOU
책으로 펴내고 싶은 이야기가 있다면, 원고를 메일로 보내주세요.
파지트는 당신의 이야기를 기다리고 있습니다.